ゆっくりトコトン！チェック＆ステップアップ

ゼロから始める英文法ドリル500

MEMOランダム編

Have you ever seen an aurora?

No, I haven't.

三修社

はじめに

●「トコトンやってみる！」がやり直し英語の合言葉

　自分のつまずき箇所を見つけることが、やり直し英語のポイントです。その方法として、英語の学習書で知識を得る（インプット）のはもちろんですが、使いこなすための実践学習（アウトプット）も徹底して行うことはさらに重要です。

　本書はその実践学習のために、まちがいやすいところをゼロから効率よく学習できるドリル式問題集として構成しました。

●トコトン実践！ドリル500題（実質は750問以上）

　英語の基本である中学レベルの「つまずき箇所」をそのままにしないこと。そして、「ゆっくり・トコトン」こそ、ゆるぎない英語力を身につけるためのキーワードです。

　本書はチェックシート式のドリルを1問1問解き、そのポイントを確実に整理して効率よく学習できるようになっています。

●3ステップ構成で無理なくステップアップ！

　PART1では、「英語の基本」を総チェックします。レベルは中学入門ですが、意外なつまずき箇所の発見をすると思います。その部分を重点的に攻略しましょう。

　PART2では、「英語の標準」を総チェックします。レベルは中学英語の完成です。英検3級の受験準備としても活用できます。

　PART3では、「英語の発展」を総チェックします。レベルは高校中級入門。英検準2級の受験準備としても活用できます。

　本書の500題の総チェックで、「英語にこわいモノなし」となっていただければ幸いです。

MEMO ランダム

特色と使い方

■チェックシート式ドリルで基本文法の総チェック！
■500題（実質750問以上）
■中学入門から高校初級レベル　トコトン納得トレーニング！

◆ドリル＆チェック

奇をてらった問題や出題のしかたはしていません。
シンプルなドリル、穴埋め、並べ替えなどの出題方式で、着実に基礎力を発展力へと定着させられるようにしています。
ドリル形式では解くと同時に重要項目の再確認、そしてつまずき箇所や苦手箇所を発見します。
苦手な部分・つまずいている部分がスッキリわかります。

◆現在完了形の標準 -

373 Q. 次の文の（　）に適する語を書きましょう。
We have lived here (　) ten years.
私たちはここに10年間住んでいる。

374 Q. 次の文の（　）に適する語を書きましょう。
We have lived here (　) 1991.
私たちはここに1991年から住んでいます。

375 Q. 次の文の（　）に適する語を書きましょう。
Japan has been rich (　) the war.
日本は戦後豊かな国になった。

376 Q. 次の文の（　）に適する語を書きましょう。
How long (　) he (　) ill in bed?
どのくらい病気で寝ているのですか。

377 Q. 次の文の（　）に適する語を書きましょう。
I have known him (　) many years.
何年も前から彼を知っています。

378 Q. 次の文の（　）に適する語を書きましょう。
I have (　) seen them (　) last month.
彼らには先月以来ずっと会っていない。

◆つまずき箇所を集中して克服

左頁でトライしたドリル問題の【正解】と「ここがまちがいやすい」とか「これをもう一度確認しよう」という事項を **ポイント!** として、具体的に解説していますからスッキリ理解できることと思います。ドリル形式で1問1問解くだけでぐんぐん身につきます。

自分のつまずき箇所を見つけて、重点的に克服しましょう。

◆《ポイント!》

ポイント! に書かれている関連単語や文も覚えるようにしましょう。

◆自分のペースで

例えば、1日に12題ずつでも、1か月とちょっとの日数でチェックし終えます。しかし、取り組みは自分のペースで!

A. 【正解】for

ポイント! 〈have [has] +過去分詞+ for +時間の長さ〉で「〜の間ずっと〜している」という意味になります。

A. 【正解】since

ポイント! 〈have [has] +過去分詞+ since +過去の起点〉で「〜からずっと〜している」という意味になります。

A. 【正解】since

ポイント! the war という過去の起点なので since を用います。この since は前置詞です。

A. 【正解】has, been

ポイント! 「どのくらいの間?」と時間の長さをたずねるときは「How long」で始まる疑問文にします。

A. 【正解】for

ポイント! for「〜の間ずっと〜している」
many years という時間の長さなので for が入ります。
過去に始まった動作や状態が現在まで続いていることを表す型です。

A. 【正解】not, since

ポイント! last month という過去の起点なので since が正解。
「会ってないという状況が続いている」ということです。
〈I have not +過去分詞〜.〉「〜していない」のパターン。

～ CONTENTS ～

PART ❶
英文法の基本を
ドリルでチェック

- ◆ 品詞と語順の基本 ………………………………………… 10
- ◆ 名詞の複数形・代名詞の基本 …………………………… 12
- ◆ 代名詞・be 動詞の基本 …………………………………… 14
- ◆ be 動詞・冠詞の基本 - ①〜② …………………………… 16
- ◆ be 動詞（疑問文）の基本 ………………………………… 20
- ◆ 一般動詞の基本（肯定文・否定文）……………………… 22
- ◆ 一般動詞の基本（否定文・疑問文）……………………… 24
- ◆ 一般動詞の基本（疑問文・過去形）……………………… 26
- ◆ 一般動詞の基本（過去形・疑問文）……………………… 28
- ◆ 副詞・形容詞の基本 - ①〜② …………………………… 30
- ◆ 疑問詞の基本 - ①〜② …………………………………… 34
- ◆ 前置詞の基本 - ①〜③ …………………………………… 38
- ◆ 命令文の基本 - ①〜② …………………………………… 44
- ◆ 進行形の基本 - ①〜② …………………………………… 48
- ◆ 助動詞の基本 - ①〜④ …………………………………… 52
- ◆ 受動態の基本 ……………………………………………… 60
- ◆ 感嘆文の基本 ……………………………………………… 62
- ◆ 不定詞の基本 ……………………………………………… 64
- ◆ 動名詞の基本 ……………………………………………… 66
- ◆ 現在完了形の基本 - ①〜② ……………………………… 68

- ◆付加疑問文の基本·· 72
- ◆関係代名詞の基本①～②·· 74
- ●不規則動詞活用表·· 78

PART ❷
英文法の標準を
ドリルでチェック

- ◆数と量の表し方の標準 - ①～②·· 80
- ◆不定代名詞の標準 - ①～③··· 84
- ◆文型の標準 - ①～④··· 90
- ◆前置詞の標準 - ①～②·· 98
- ◆前置詞・接続詞の標準·· 102
- ◆接続詞の標準 - ①～④··· 104
- ◆比較の標準 - ①～⑤·· 112
- ◆不定詞の標準 - ①～③··· 122
- ◆動名詞の標準 - ①～②·· 128
- ◆現在完了形の標準 - ①～③··· 134
- ◆使役動詞の標準·· 140
- ◆使役動詞・知覚動詞の標準·· 142
- ◆関係代名詞の標準（that の特別用法）···························· 144
- ●やさしい単語の意外な意味〈1〉·· 146

～ CONTENTS ～

PART ❸
英文法の発展をドリルでチェック
〈発展問題・総合問題〉

◆分詞（現在分詞・過去分詞） - ①～② ……………… 148
◆関係副詞 - ①～② …………………………………… 152
◆呼応 …………………………………………………… 156
◆仮定法 ………………………………………………… 158
◆間接疑問文 …………………………………………… 160
◆話法 …………………………………………………… 162
◆総合問題 - ①～⑨ …………………………………… 164
●やさしい単語の意外な意味〈2〉……………………… 182

PART 1

英文法の基本をドリルでチェック

◆品詞と語順の基本

1 **Q.** 次の各文の下線部の語の品詞名を答えましょう。

(1) She <u>sometimes</u> takes him to the <u>museum</u>.
　　　　　(a)　　　　　　　　　　　(b)

(2) He <u>lives</u> at Kanda <u>in</u> Tokyo.
　　　(c)　　　　　(d)

2 **Q.** 次の各文の下線部の語の品詞名を答えましょう。

(1) <u>He</u> is <u>kind</u> <u>and</u> pleasant.　　彼は親切で感じがいい。
　　(a)　　(b)　(c)

(2) <u>Oh</u>? Are you sure?　　　ええ？　ほんと？
　　(d)

3 **Q.** 日本文にあうように（　　）内の語を並べかえましょう。

(1) I (in / have / my hand / a book).
　　私は手に本を持っています。

(2) Taro (New York / goes / to).
　　太郎はニューヨークへ行きます。

4 **Q.** 次の英文を日本語にしましょう。

(1) He makes a chair in the wide yard.
(2) He meets Helen at the station.
(3) He eats bread for breakfast.

5 **Q.** 日本文にあうように（　　）内の語を並べかえましょう。

彼女はきのうデパートですてきなシャツを買いました。
(a nice shirt / she / bought / the department store / yesterday / at)

6 **Q.** 次の各語の複数形を書きましょう。

(1) leaf → (　　　　　) [葉]　(2) knife → (　　　　　) [ナイフ]
(3) thief → (　　　　　) [泥棒] (4) roof → (　　　　　) [屋根]
(5) handkerchief → (　　　　　　) [ハンカチ]

A. 【正解】(a) 副詞, (b) 名詞, (c) 動詞, (d) 前置詞

ポイント! (a) 動詞，他の副詞，形容詞などを修飾する語。(b) 人や物などの名を表す語。(c) 人や物の動作や状態を表す語。(d) 名詞・代名詞・動名詞の前に置いて，他の語との関係を表す語。

A. 【正解】(a) 代名詞, (b) 形容詞, (c) 接続詞, (d) 間投詞

ポイント! (a) 名詞の代わりに人や物などを指す語。(b) 名詞・代名詞を修飾する語。(c) 語と語，句と句，節と節とを結びつける語。(d) 他の語と独立して，喜び・悲しみ・驚きなどの感情を表す語。

A. 【正解】(1) **have a book in my hand** (2) **goes to New York**

ポイント! 日本語と英語の最大の違いは，動詞の位置です。英語は主語に続いてすぐに動詞がきます。その後に動作（動詞）の目的語（〜に・〜を，のつく語）がきます。目的語を必要としない動詞の場合，そこで表現を完結することもあります。

A. 【正解】(1) 彼は広い庭でいすを作ります。(2) 彼は駅でヘレンに会います。(3) 彼は朝食にパンを食べます。

ポイント! (1) 彼は・作ります・いすを・広い庭で。(2) 彼は・会います・ヘレンに・駅で。(3) 彼は・食べます・パンを・朝食に。
英語では，場所，時を表す語句は基本的にあと回しにされます。

A. 【正解】**She bought a nice shirt at the department store yesterday.**

ポイント! ①だれが→彼女は→**She** ②どうした→買った→**bought** ③なにを→すてきなシャツを→**a nice shirt** ④どこで→デパートで→**at the department store** ⑤いつ→きのう→**yesterday**

A. 【正解】(1) **leaves** (2) **knives** (3) **thieves** (4) **roofs** (5) **handkerchiefs**

ポイント! 名詞の複数形の作り方には，規則的なものと不規則なものがあり，とくに語尾が **-f, -fe** の名詞は，**f, fe** を **v** にかえて **-es** を付けるものに注意しましょう。ただし，**roof - roofs**「屋根」や **handkerchief - handkerchiefs**「ハンカチ」などは **-s** をつけます。

◆名詞の複数形・代名詞の基本

7　Q. 次の各語の複数形を書きましょう。

(1) **radio**　　⇒ (　　　　)
(2) **photo**　　⇒ (　　　　)
(3) **piano**　　⇒ (　　　　)

8　Q. 次の各語の複数形を書きましょう。

(1) **Japanese**（日本人）　(2) **Chinese**（中国人）
(3) **Swiss**（スイス人）　(4) **sheep**（羊）
(5) **child**（子ども）　(6) **tooth**（歯）
(7) **man**（男性）　(8) **goose**（ガチョウ）

9　Q. 次の各語の複数形を書きましょう。

(1) **deer**（鹿）　(2) **fish**（魚）
(3) **salmon**（さけ）　(4) **carp**（コイ）
(5) **woman**（女性）　(6) **foot**（足）
(7) **ox**（雄牛）　(8) **mouse**（ハツカネズミ）

10　Q. 次の（　）内にそれぞれの所有格→目的格を書きましょう。

(1) **I**　→ (　　　) → (　　　)
(2) **we**　→ (　　　) → (　　　)
(3) **you**　→ (　　　) → (　　　)
(4) **you**　→ (　　　) → (　　　)

11　Q. 次の（　）内にそれぞれの所有格と目的格を書きましょう。

(1) **he**　→ (　　　) → (　　　)
(2) **she**　→ (　　　) → (　　　)
(3) **it**　→ (　　　) → (　　　)
(4) **they**　→ (　　　) → (　　　)

12　Q. 次の文の（　）に適する語を書きましょう。

(1) **(　) is cloudy.**
　曇っています。

(2) **(　) is dark outside.**
　屋外は暗い。

A. 【正解】(1) **radios** (2) **photos** (3) **pianos**

> ポイント！ 語尾が o になるものの複数形は **tomatoes** や **potatoes** のように **-es** を付けますが、例外があります。**radio, photo, piano** などは、語尾に **-s** を付けます。**radio(telegraphy), photo(graph), piano(forte)** の略だからです。

A. 【正解】(1) **Japanese** (2) **Chinese** (3) **Swiss** (4) **sheep**
　　　　 (5) **children** (6) **teeth** (7) **men** (8) **geese**

> ポイント！ (1)から(4)までが「単複同形」で、(5)から(8)までが、独特の複数形です。

A. 【正解】(1) **deer** (2) **fish** (3) **salmon** (4) **carp** (5) **women**
　　　　 (6) **feet** (7) **oxen** (8) **mice**

> ポイント！ (1)から(4)までが「単複同形」で、(5)から(8)までが、独特の複数形です。

A. 【正解】(1) **my, me** (2) **our, us** (3) **your, you** (4) **your, you**

> ポイント！ (1) **I** 私は（が）→ **my** 私の→ **me** 私を（に）
> (2) **we** 私たちは（が）→ **our** 私たちの→ **us** 私たちを（に）
> (3) **you** あなたは（が）→ **your** あなたの→ **you** あなたを（に）
> (4) **you** あなたたちは（が）→ **your** あなたたちの→ **you** あなたたちを（に）

A. 【正解】(1) **his, him** (2) **her, her** (3) **its, it** (4) **their, them**

> ポイント！ (1) **he** 彼は（が）→ **his** 彼の→ **him** 彼を（に） (2) **she** 彼女は（が）→ **her** 彼女の→ **her** 彼女を（に） (3) **it** それは（が）→ **its** それの→ **it** それを（に） (4) **they** 彼らは（が）〈それらは（が）〉→ **their** 彼らの〈それらの〉→ **them** 彼らを（に）〈それらを（に）〉

A. 【正解】(1) **It** (2) **It**

> ポイント！ 「それ（は、の、を）」という基本的な意味の他に、「天候、時間、明暗、距離、温度、状況など」を表す表現の言い始めに "**it**" を使います。この **it** は習慣的に置かれるものなので、特別に「それ」という意味を頭に浮かべる必要はありません。

◆代名詞・be 動詞の基本

13 **Q.** 次の文の（ ）に適する語を書きましょう。

(1) **(　　　)(　　) an old shrine.**
こちらは古い神社です。

(2) **(　　　) job (　　) very hard.**
この仕事はとても難しい。

14 **Q.** 次の文の（ ）に適する語を書きましょう。

(1) **(　　　) store has many kinds of bread.**
あの店には多くの種類のパンがある。

(2) **Are (　　　) pearls real?**
その真珠は本物ですか。

15 **Q.** 次の文の（ ）に適する語を書きましょう。

(1) **(　　) your mother at home?**
あなたのお母さんは家にいますか。

(2) **No, she (　　) out now.**
いいえ，今出かけています。

16 **Q.** 次の（ ）内に適する be 動詞を書きましょう。

(1) **I (　　) here.**
私はここにいます。

(2) **My father (　　　) in France.**
私の父はフランスにいます。

17 **Q.** 次の（ ）内に適する be 動詞を書きましょう。

Switzerland (　　　) in the center of Western Europe.
スイスは西ヨーロッパの中心にあります。

18 **Q.** 次の（ ）内に適する be 動詞を書きましょう。

(1) **There (　　) a parking lot near here.**
この近くに駐車場があります。

(2) **There (　　　) beautiful flowers in the garden.**
庭には美しい花がある。

A. 【正解】(1) **This, is** (2) **This, is**

ポイント! 指示代名詞とは，人や物事を明らかに指示する語のこと。**this** は「これ」「この」のように，空間的，時間的，観念的に近いものを指示します。複数形で，「これら」を意味するときは **these**。

A. 【正解】(1) **That** (2) **those**

ポイント! **that** は「あれ」「あの」のように，空間的，時間的，観念的に遠いものを指示します。複数で，「あれら」を意味するときは **those** となります。

A. 【正解】(1) **Is** (2) **is**

ポイント! **your mother** と **she** が主語。**be** 動詞は等号（＝）の役割りをします。**is, am, are, was, were** の **be** 動詞は，「～です」「～でした」のように，主語の状態や様子を説明するときに用います。

A. 【正解】(1) **am** (2) **is**

ポイント! **be** 動詞は「いる，ある」の意味でも使われます。**be** 動詞の後に前置詞（**in, on, under** など）の句を続けて，「いる，ある」と存在の意味の表現をすることができます。
「～にいる［いた］」の「～」には「場所」の語句がきます。

A. 【正解】(1) **is**

ポイント! **Switzerland** が主語。語順は次のようになります。
Switzerland is　in the center of Western Europe.
（スイスは）（ある）　（中心に）　　（西ヨーロッパの）

A. 【正解】(1) **is** (2) **are**

ポイント! 「（不特定のものや人が）ある［あった］」の意味を表すとき，在るものが単数のときは〈**There is[was]** ~.〉の形が，そして複数のときは〈**There are[were]** ~.〉が用いられます。**There** は訳さないので注意しましょう。

◆ be 動詞・冠詞の基本 - ①

19 **Q.** 次の（　）内に適する be 動詞を書きましょう。

(1) There (　) a restroom in the park.
公園には公衆トイレがあります。

(2) There (　) many wars in the world today.
今日，世界では多くの戦争があります。

20 **Q.** 次の英文を日本語にしましょう。

(1) The book is on the desk.
(2) Your bag is here.

21 **Q.** 次の文の（　）に適する語を書きましょう。

(1) There (　) a post office at the end of the street.
突き当たりに郵便局があります。

(2) There (　) ten flights to Sapporo a day.
札幌行きは 1 日に 10 便あります。

22 **Q.** 次の文の（　）内から正しいものを選びましょう。

(1) There are some (tree / trees) in the yard.
その庭にはいくつかの木があります。

(2) There is some (water / waters) in the glass.
グラスの中に水があります。

23 **Q.** 次の文の（　）に適する語を書きましょう。

(1) I am (　) office worker.
私は会社員です。

(2) (　) apple a day keeps the doctor away.
一日一個のリンゴを食べれば医者はいらない。（ことわざ）

24 **Q.** 次の文の（　）に適する語を書きましょう。

(1) (　) sky is full of stars.
空は星でいっぱいだ。

(2) It is true that (　) earth goes around (　) sun.
地球が太陽のまわりを回るというのは本当である。

A. 【正解】(1) **is**　(2) **are**

ポイント！ (1) **a restroom** が主語。　(2) **many wars** が主語。
〈There ＋ be 動詞＋主語＋ ~〉のパターンを用います

A. 【正解】(1) その本は机の上にあります。
(2) あなたのカバンはここにあります。

ポイント！ 〈**There is[are]** ~.〉の文では「その~，彼の~」というような特定の名詞は主語にできません。その場合は，その名詞を文の頭に置き，〈主語＋ be 動詞〉のようにします。「~」には「場所」の語句がきます。

A. 【正解】(1) **is**　(2) **are**

ポイント！「~があります」は **There is** ~ または **There are** ~. のパターンを使います。
(1)は「1軒の郵便局」で単数ですから **is** とします。
(2)は「10便」で複数ですから **are** とします。

A. 【正解】(1) **trees**　(2) **water**

ポイント！ **some** の後に「1つ，2つ~」と数えられるものがくるときは，**trees** のように語尾に"**s**"（単語の終わりが -ch, -o, -x, -s, -sh になっているときは"**es**"）をつけて複数に示します。"水"のように数えられないもの（不可算名詞）には複数形はありません。

A. 【正解】(1) **an**　(2) **An**

ポイント！ 暗に「1人」を表す冠詞として"**a**"ではなく"**an**"が使われています。次にくる語が「オフィス」で母音（ア・イ・ウ・エ・オ）のオで発音がはじまっています。母音ではじまる語の前の冠詞は **an** に変わります。

A. 【正解】(1) **The**　(2) **the, the**

ポイント！ **the** をつけるケースです。**the** ＋序数（**the second**）／ **the** ＋形容詞の最上級／ただ1つのもの，天体の名や方角（**the sun, the moon, the west**）など。**sky** や **earth** は「1つしかないもの」なので必ず **the** をつけます。

◆ be動詞・冠詞の基本 - ②

25 **Q.** 次の文の（　）に適する語を書きましょう。必要のないときは×を。

(1) (　) Alps〈アルプス山脈〉　(2) (　) Kii Peninsula〈紀伊半島〉
(3) (　) Times〈タイムズ紙〉
(4) (　) White House〈ホワイトハウス〉
(5) (　) Ueno Station〈上野駅〉

26 **Q.** 次の（　）内に主語とbe動詞の短縮形を書きましょう。

(1) I am ＝ (　　)　　(2) You are ＝ (　　)
(3) She is ＝ (　　)　　(4) He is ＝ (　　)
(5) It is ＝ (　　)　　(6) We are ＝ (　　)
(7) They are ＝ (　　)

27 **Q.** 次の英文を日本語にしましょう。

(1) You're an office worker.
(2) You're office workers.

28 **Q.** 次の日本文を英文にしましょう。

(1) 私は看護師です。
(2) 私たちは看護師です。
(3) 彼女たちは看護師です。
(4) 彼女は看護師です。

29 **Q.** 次の文を [　] 内の指示にしたがって書きかえましょう。

(1) I am a housewife. [否定文に]
(2) You are a housewife. [否定文に]
(3) She is a housewife. [否定文に]

※ housewife（主婦）

30 **Q.** 次の文を [　] 内の指示にしたがって書きかえましょう。

(1) Mr. Tanaka is a teacher. [否定文に]
(2) They are teachers. [否定文に]

A.【正解】(1) **the** (2) **the** (3) **the** (4) **the** (5) ×

ポイント! 固有名詞には原則として冠詞をつけませんが，次のような場合には，**the** をつけます。①複数固有名詞（山脈，群島，連邦国，家族）②川，海，海峡，半島，運河 ③書籍，新聞など ④公共の建物（駅・公園・空港などを除く）など

A.【正解】(1) **I'm** (2) **You're** (3) **She's** (4) **He's** (5) **It's** (6) **We're** (7) **They're**

ポイント! 口語では，主語と **be** 動詞は次のように多くは短縮されて使われます。(1) **I am** = **I'm** (2) **You are** = **You're** (3) **She is** = **She's** (4) **He is** = **He's** (5) **It is** = **It's** (6) **We are** = **We're** (7) **They are** = **They're**

A.【正解】(1) あなたは会社員です。 (2) あなた方は会社員です。

ポイント! (1) (2)の違いは，一目でわかるように"**a**"の存在と **worker** につく"**s**"です。言い出しの"**You are**"だけでは「あなたは」か「あなたたち」の区別がつきません。単数か複数かの区別は後にくる名詞の数で意味を決定することになります。

A.【正解】(1) **I'm [I am] a nurse.** (2) **We're [We are] nurses.**
(3) **They're [They are] nurses.** (4) **She's [She is] a nurse.**

ポイント! (1) 私は〜です。(2) 私たちは〜です。(3) 彼女たち（彼ら）は〜です。(4) 彼女は〜です。

A.【正解】(1) **I am not a housewife.** (2) **You are not [aren't] a housewife.**
(3) **She is not [isn't] a housewife.**

ポイント! 否定形の場合も短縮形を作れます。
are not=aren't / is not=isn't
ただし，**am not** は通常短縮形にしません。

A.【正解】(1) **Mr. Tanaka is not [isn't] a teacher.**
(2) **They are not [aren't] teachers.**

ポイント! **be** 動詞の用法は，助動詞を使った表現の用法と似ています。つまり，**be** 動詞が使われている表現では，否定文にするには，それぞれの **be** 動詞に"**not**"をつけます。

◆ be 動詞(疑問文)の基本

31 Q. 次の文を [　　　] 内の指示にしたがって書きかえましょう。

(1) **You're an editor.** [疑問文に]
(2) **You're editors.** [疑問文に]

32 Q. 次の文を [　　　] 内の指示にしたがって書きかえましょう。

(1) **Mr. Nakai is a teacher.** [疑問文に]
(2) **They're movie actors.** [疑問文に]

33 Q. 次の(　　)に適切な be 動詞を入れましょう。

(1) **(　　) you an engineer?**　あなたはエンジニアですか。
(2) **Yes, I (　　).**　　　　　　はい，そうです。
　　No, I (　　) not.　　　　いいえ，違います。

34 Q. 次の(　　)に適切な be 動詞を入れましょう。

(1) **(　) Miss Yoshida a secretary?**　吉田さんは秘書ですか。
(2) **Yes, she (　).**　　　　　　はい，そうです。
　　No, she (　) not.　　　　いいえ，違います。

35 Q. 次の(　　)に適切な be 動詞を入れましょう。

(1) **Yuka and I (　　) very busy today.**
　　きょう，ユカと私はとても忙しい。
(2) **(　　) he and his friend from Hokkaido?**
　　彼と彼の友だちは北海道出身ですか。

36 Q. 次の(　　)に適切な be 動詞を入れましょう。

(1) **(　　) they movie actors?**　彼らは映画俳優ですか。
(2) **Yes, they (　　).**　　　　　　はい，そうです。
　　No, they (　　) not.　　　　いいえ，違います。

A. 【正解】(1) **Are you an editor?** (2) **Are you editors?**

> ポイント！ 疑問文にするには，それぞれの **be** 動詞を表現の言い出し（文頭）に移し，終わりに "**?**" マークをつけます。
> (1)の疑問文の訳は「あなたは編集者ですか」
> (2)の疑問文の訳は「あなた方は編集者ですか」

A. 【正解】(1) **Is Mr. Nakai a teacher?**
(2) **Are they movie actors?**

> ポイント！ 疑問文にするには，それぞれの **be** 動詞を表現の言い出し（文頭）に移し，終わりに "**?**" マークをつけます。それぞれ(1)「中井さんは先生ですか」(2)「彼らは映画俳優ですか」という意味になります。

A. 【正解】(1) **Are** (2) **am, am**

> ポイント！ 疑問に対する応答の表現も **be** 動詞を使います。
> 疑問に対する応答の仕方は次の通りです。
> **Are you ~?** のときは **Yes, I am.   No, I am not. (I'm not)**
>   または   **Yes, we are. No, we are not. (We aren't)**

A. 【正解】(1) **Is** (2) **is, is**

> ポイント！ 疑問に対する応答の仕方は次の通りです。
> **Is she ~?** のときは **Yes, she is. / No, she is not [she isn't].** です。

A. 【正解】(1) **are** (2) **Are**

> ポイント！ 主語の **Yuka and I** は2人なので複数です。
> 主語が **A and B** のときは複数なので，**be** 動詞には **are** を使います。

A. 【正解】(1) **Are** (2) **are, are**

> ポイント！ 「彼らは~ですか」や「彼女たちは~ですか」の意味の **Are they ~?** のパターン。これに対しては，**Yes, they are. / No, they are not (aren't).** のように答えます。

◆一般動詞の基本（肯定文・否定文）

37 **Q.** 次の文の（　）に適する語を書きましょう。

(1) I (　　) his name.
私は彼の名前を知っています。

(2) We (　　) a walk every morning.
私たちは毎朝散歩をします。

38 **Q.** 次の文の（　）に適する語を書きましょう。

(1) She (　　) to Hawaii this evening.
今日の夕方ハワイへ行きます。

(2) His friends (　　) her Aneki .
彼の友人たちは彼女をアネキと呼びます。

39 **Q.** 次の文の（　）に適する語を書きましょう。

(1) The boys (　　) watermelons.
その少年たちはスイカが好きです。

(2) Hitomi (　　) strawberries.
ヒトミはいちごが好きです。

40 **Q.** 次の文の（　）に適する語を書きましょう。

(1) Mr. and Mrs. Tanaka (　　) two children.
田中さん夫妻には2人の子供がいます。

(2) They (　　) two children.

41 **Q.** 次の文を［　］内の指示にしたがって書きかえましょう。

(1) I have a slim skirt. ［否定文に］
私はタイトスカートを1着持っています。

(2) I have a housing loan from a bank. ［否定文に］
私には銀行から借りた住宅ローンがあります。

42 **Q.** 次の文を［　］内の指示にしたがって書きかえましょう。

(1) We make some benches. ［否定文に］
(2) You know Mr. Tanaka. ［否定文に］

A. 【正解】(1) **know** (2) **take**

> ポイント！ 現在形とは現在の事実，習慣，非常に近い未来などを表すときに使う形です。(1)は［事実］を，(2)は［習慣］を表していますね。

A. 【正解】(1) **goes** (2) **call**

> ポイント！ 表現の主語が "**I**" と "**you**" の2語以外のすべての語を「3人称」といいます。この3人称の語が1人（個）のとき，つまり「単数」で表現の主語になるときは動詞に **s** または **es** がつきます。(2)主語が単数の **His friend** ならば，「3人称・単数・現在」で **calls** となります。

A. 【正解】(1) **like** (2) **likes**

> ポイント！ **The boys like watermelons.** の主語に注目してください。"**The boys …**" と複数になっていますから，**like** に **s** はつきません。
> (2)主語の **Hitomi** は「3人称，単数」，そして表現が現在です。

A. 【正解】(1) **have** (2) **have**

> ポイント！ (1)の表現は **Mr. and Mrs. Tanaka …** となっていますから「夫妻」つまり2人（複数）。だから「3人称」でも **have** を使っています。姓に男女を示す敬称をつけるとき：男性＝ **Mr.**　既婚女性＝ **Mrs.**　独身女性＝ **Miss**　既婚・独身を区別しない女性敬称＝ **Ms.**

A. 【正解】(1) **I don't have a slim skirt.** (2) **I don't have a housing loan from a bank.**

> ポイント！ **do** や **does** も助動詞の一種です。したがって **will**，**can**，**may** と同様に主語と動詞の間に置かれます。(1) **I have a slim skirt.** の **I** と **have** の間に **don't** を入れると「私はタイトスカートを持っていません」という否定文ができあがります。

A. 【正解】(1) **We don't make any benches.** (2) **You don't know Mr. Tanaka.**

> ポイント！ **don't** を使うときに **some** を **any** に変えるのが基本です。代名詞 "**You**" は，この文では単数の「あなた」か複数の「あなたたち」かの区別がつきません。
> 「あなた（あなたたち）は田中氏を知りません」

◆一般動詞の基本（否定文・疑問文）

43 **Q.** 次の文を [　　] 内の指示にしたがって書きかえましょう。

(1) **They eat meat.** [否定文に]
(2) **She eats meat.** [否定文に]

44 **Q.** (1)の平叙文を(2)の（　）内に適語を入れて否定文にしましょう。

(1) **My son takes a bath every day.**
(2) **My son (　　　) (　　　) a bath every day.**

45 **Q.** 次の文を [　　] 内の指示にしたがって書きかえましょう。

(1) **You know Hanako.** [疑問文に]
(2) **He goes to Hawaii.** [疑問文に]

46 **Q.** 次の文の（　）に適する語を書きましょう。

(1) **Do you have a bicycle?**
　あなたは自転車をもっていますか。
(2) **Yes, I (　　).** 　　はい，持っています。
　No, I (　　). 　　いいえ，持っています。

47 **Q.** 次の文の（　）に適する語を書きましょう。

Do you have (　　) (　　　　) in your house?
数個の時計があなたの家にありますか。

48 **Q.** 次の文の（　）に適する語を書きましょう。

Do you have (　　) (　　　) this season in Japan?
この季節に日本では雨が（ある程度の量）降りますか。

A. 【正解】(1) **They don't eat meat.**　(2) **She doesn't eat meat.**

ポイント! (1)「彼ら（彼女たち）は肉は食べません」という意味です。「～しない」と否定を表すには，**do** や **does** と "**not**" をセットにして「**do not** 動詞」「**does not** 動詞」のようにします。多くの場合，実際の口語では，"**don't**" "**doesn't**" のように短縮して使われます。

A. 【正解】(2) **doesn't, take**

ポイント! 主語が「3人称・単数」で現在形の表現で「～しない」というときは **doesn't** が使われます。平叙文の動詞 **take** には **s** がついています。したがって否定文では，**doesn't** になります。さらに，**doesn't** の後の **takes** から "**s**" が消え，動詞は原形になります。

A. 【正解】(1) **Do you know Hanako?**　(2) **Does he go to Hawaii?**

ポイント! 疑問文の作り方は簡単です。すでに **do** と **does** はおなじみですが，これらが表現の頭につけば疑問文です。文末にはクエスチョンマークを忘れずにつけましょう。

A. 【正解】(2) **do, don't.**

ポイント! 英語ではできるだけ前に使った（質問に使った）語は可能なかぎり，くり返さないようにします。
応答の "**do**" や "**don't**" は，質問で使われている **have** の代わりです。

A. 【正解】**any, watches**

ポイント! 疑問文だから **any** が使われています。普通の家庭で，家の中に時計（**watch**）が1個だけしかないというのは不自然です。ですから暗に「数個の時計があなたの家に～？」という意味をこめて **any** が使われているわけです。

A. 【正解】**any, rain**

ポイント! **rain** は量であって数ではありません。したがって **any** がついてもそのままの形（**rain**）で使います。

◆一般動詞の基本（疑問文・過去形）

49 Q. 次の文の（　）に適する語を書きましょう。

(1) (　　) you know him?　　彼を知っていますか。
(2) Yes, I (　　).　　はい，知っています。
　　No, I (　　　　).　　いいえ，知りません。

50 Q. 次の文の（　）に適する語を書きましょう。

(1) (　　　　) he drive a car?　彼は運転をしますか。
(2) Yes, he (　　　　).　　はい，運転します。
　　No, he (　　　　　　).　いいえ，運転しません。

51 Q. 次の各語の過去形を書きましょう。

(1) want → (　　　　)　(2) talk → (　　　　)
(3) like → (　　　　)　(4) live → (　　　　)
(5) stop → (　　　　)　(6) drop → (　　　　)
(7) try → (　　　　)　(8) study → (　　　　)

52 Q. 次の英文を日本文にしましょう。

(1) I had a model plane two years ago.
(2) I made a model plane two years ago.
(3) I lost a model plane two years ago.

53 Q. 次の［　］内の語を過去形にしましょう。

He [meets] his old friend yesterday.
彼は昨日，旧友に会った。

54 Q. 次の文の（　　）内から正しいものを選びましょう。

In 1945, a nuclear bomb (fall / fell / fallen) on the city of Hiroshima.
1945年，原爆が広島の街に落ちた。

A. 【正解】(1) **Do**　(2) **do, don't**

> **ポイント！** 一般動詞を使った表現の疑問と応答のパターンは，次のように頭に入れます。
> **Do ...?** なら⇒ **do** または **don't** で答える。

A. 【正解】(1) **Does**　(2) **does, doesn't**

> **ポイント！** 一般動詞を使った表現の疑問と応答のパターンは，次のように頭に入れます。
> **Does ...?** なら⇒ **does** または **doesn't** で答える。

A. 【正解】(1) **wanted**　(2) **talked**　(3) **liked**　(4) **lived**
　　　　(5) **stopped**　(6) **dropped**　(7) **tried**　(8) **studied**

> **ポイント！** (1)(2) **-ed** をつけるだけ／(3)(4) **e** で終わる語で **-d** だけつける／(5)(6) 短母音＋子音字で終わる語は最後の字を重ねて **-ed** にします／(7)(8) 子音＋**y** で終わる語は **y** を **i** に変えて **-ed** をつける

A. 【正解】(1)私は，プラモデル飛行機を2年前に持ってました。
　　　　(2)私は，プラモデル飛行機を2年前に作りました。
　　　　(3)私は，プラモデル飛行機を2年前に失くしました。

> **ポイント！** (1) **had** は **have**（持つ）の過去形。(2) **made** は **make**（作る）の過去形。(3) **lost** は **lose**（失う）の過去形。

A. 【正解】**met**

> **ポイント！** さて，過去形では例の「3人称・単数」の問題はどうでしょうか。過去の表現では関係ありません。つまり，主語が「3人称・単数」でも動詞に **s** をつけません。

A. 【正解】**fell**

> **ポイント！** **fall - fell - fallen** と変化します。この文は過去形ですから，**fell** にします。この過去形を **felt** とするミスが見られますが，**felt** は **feel** の過去形・過去分詞ですね。

◆一般動詞の基本（過去形・疑問文）

55 **Q.** (1)の文を(2)の [ ] 内の指示にしたがって書きかえましょう。

(1) **I slept well last night.**
昨夜はよく眠れた。

(2) **I (　　　)(　　　) well last night.** ［否定文に］
昨夜はよく眠れなかった。

56 **Q.** 次の文を [ ] 内の指示にしたがって書きかえましょう。

(1) **You went there yesterday.** ［疑問文］
(2) **Mrs. Bush lost her bag.** ［疑問文］

57 **Q.** 次の文の（　）に適する語を書きましょう。

(1) **Where did you (　　　) the news?**
あなたはその知らせをどこで聞きましたか。

(2) **I (　　　) it at my house.**
私はそれを自宅で聞きました。

58 **Q.** 次の文の（　）に適する語を書きましょう。

(1) **Did you buy the book yesterday?**
あなたはきのうその本を買いましたか。

(2) **Yes, I (　　　). / No, I (　　　).**
はい，買いました。／いいえ，買いませんでした。

59 **Q.** 次の文の（　）に適する語を書きましょう。

(1) **My parents and I (　　　) in Osaka last year.**
(2) **(　　　) your parents and you in Osaka last year?**

60 **Q.** 次の文の（　）に適する語を書きましょう。

(1) **Were you a student then?**
あなたはそのとき学生でしたか。

(2) **Yes, I (　　　). / No, I (　　　).**
はい，学生でした。／いいえ，学生ではありませんでした。

A. 【正解】(2) **didn't, sleep**

ポイント! 否定文では **didn't** が主語と動詞の間で使われています。さらに平叙文で使われていた動詞の過去形 **slept** が、否定文では原形の **sleep** に戻っています。**well** は「よく、＋分に」という意味の副詞。

A. 【正解】(1) **Did you go there yesterday?**
(2) **Did Mrs. Bush lose her bag?**

ポイント! 疑問文では文頭に **Did** が置かれ、動詞が **went / lost** から原形の **go / lose** に戻っています。訳は(1)「きのう、そこに行きましたか」(2)「ブッシュ夫人はバッグをなくしましたか」です。

A. 【正解】(1) **hear** (2) **heard**

ポイント! (1)は疑問詞 **where** を使ったパターンです。**You heard the news.** を疑問文にすると、**Did You hear the news?** となりますね。動詞が **heard** から原形の **hear** に戻っています。「どこで…？」という疑問文なので、文頭に **Where** を置きます。

A. 【正解】(2) **did, didn't**

ポイント! **Did you ~?** の応答は次の通り。
(2) はい、そうしました。　　→ **Yes, I did.**
　　いいえ、そうしませんでした。→ **No, I didn't.**

A. 【正解】(1) **were** (2) **Were**

ポイント! **my parents and I** は複数形なので、be 動詞は **were** になります。
(1)両親と私は去年大阪にいました。
(2)あなたの両親とあなたは去年大阪にいましたか。

A. 【正解】(2) **was, wasn't**

ポイント! **Were you ~?** の応答は次の通り。
(2) はい、そうでした。　　　　→ **Yes, I was.**
　　いいえ、そうではありませんでした。→ **No, I wasn't.**

◆副詞・形容詞の基本 - ①

61 **Q.** 次の文の [ ] 内から正しいものを選びましょう。

I got up very [quickly / early] this morning.
今朝はとてもはやく起きた。

62 **Q.** 次の文の ( ) に適する語を書きましょう。

I'm glad to meet you, (   ).
こちらこそ，お会いできてうれしいです。

63 **Q.** 次の文の ( ) に適する語を書きましょう。

If you don't go, I won't go, (   ).
もしあなたが行かないなら，私もまた行かない。

64 **Q.** 次の文の ( ) に適する語を書きましょう。

It is (   ) cold in Japan in February.
日本では，2月はとても寒いね。

65 **Q.** 次の文の ( ) に適する語を書きましょう。

They (   ) play video games.
彼らはいつもテレビゲームをします。

66 **Q.** 次の文の ( ) に適する語を書きましょう。

I (   ) go to bed at eleven.
私はたいてい11時に寝ます。

A. 【正解】 **early**

ポイント! 日本語の「はやく」に相当する英語表現には〈**early, fast, quickly, rapidly, swiftly**〉などがあります。時間や日の「早い」ことを示すのが **early**，速度の「速さ」が **fast**，動作などの「速さ」「敏しょうさ」が **quickly** です。

A. 【正解】 **too**

ポイント! 〈肯定文 , + **too**〉で「～もまた …でない」。
この **too** は副詞で，肯定文の後で用いられます。**I'm glad** の形容詞 **glad** は動詞の補語として用いられています。

A. 【正解】 **either**

ポイント! 〈否定文 , + **either**〉で「～もまた …でない」。
この **either** は副詞で，否定文の後で用いられます。

A. 【正解】 **very**

ポイント! 副詞の **very** は形容詞の **cold** を修飾しています。
very hot なら「とても暑い」ですね。

A. 【正解】 **always**

ポイント! **always** は頻度を表す副詞です。文の動詞が一般動詞のときは，その前に置かれます。
◇ **play video games**「テレビゲームをする」

A. 【正解】 **usually**

ポイント! **usually** も頻度を表す副詞です。文の動詞が一般動詞のときは，その前に置かれます。
◇ **go to bed**「寝る」

◆副詞・形容詞の基本 - ②

67　Q. 日本文にあうように（　）内の語を正しく並びかえましょう。

She (sometimes / late / is) for school.
彼女はときどき学校に遅刻します。

68　Q. 日本文にあうように（　）内の語を正しく並びかえましょう。

We (go / would / often) to the movies.
私たちはよく映画を見に行ったものだ。

69　Q. 次の英文の〈　〉内の副詞が入る位置の直前の語を答えましょう。

I am free on Sunday.　〈often〉
私は日曜日は暇なことが多い。

70　Q. 次の英文の〈　〉内の副詞が入る位置の直前の語を答えましょう。

I use the Internet.　〈sometimes〉
私はときどきインターネットを使う。

71　Q. 次の英文の〈　〉内の副詞が入る位置の直前の語を答えましょう。

She gets up late on Sunday.　〈usually〉
彼女はたいてい日曜日には遅く起きる。

72　Q. 次の英文の〈　〉内の副詞が入る位置の直前の語を答えましょう。

He goes to the movies.　〈seldom〉
彼はめったに映画に行かない。

A. 【正解】is sometimes late

ポイント! 頻度の副詞の sometimes。文が be 動詞のときは，その後に置きます。

A. 【正解】would often go

ポイント! 助動詞（would ）の後に頻度の副詞を置きます。
◇ go to the movies「映画に行く」

A. 【正解】am

ポイント! 問題文を否定文にしてみると頻度の副詞の位置がわかります（I'm not free on Sunday.）。 not の位置が頻度の副詞の位置です。

A. 【正解】I

ポイント! 問題文を否定文にしてみると頻度の副詞の位置がわかります（I don't use the Internet.）。 not の位置が頻度の副詞の位置です。

A. 【正解】She

ポイント! 問題文を否定文にしてみると頻度の副詞の位置がわかりますね（She doesn't get up late on Sunday.）。not の位置が頻度の副詞の位置です。

A. 【正解】He

ポイント! seldom は「めったに〜しない」の意味。
not の位置が頻度の副詞の位置です（He doesn't go to the movies.）。

◆疑問詞の基本 - ①

73 **Q.** 次の文の（　）に適する語を書きましょう。

(1) **A : What did you eat this morning?**
(2) **B : I (　　) rice and miso soup.**

74 **Q.** 次の文の（　）に適する語を書きましょう。

(1) **A : (　　) is singing?**
　B : Ayumi is.（アユミです）
(2) **A : (　　) is that man?**
　B : He is Mr. Suzuki.（彼は鈴木さんです）

75 **Q.** 次の文の（　）に適する語を書きましょう。

(　　) can I wash my hands?
お手洗いはどこですか。

76 **Q.** 次の文の（　）に適する語を書きましょう。

(　　) toy do you want?
どっちのおもちゃがほしいですか。

77 **Q.** 次の文の（　）に適する語を書きましょう。

(1) **(　　) do you (　　) in your hand?**
手に何を持っているのですか。
(2) **I (　　) an eraser.**
消しゴムを持っています。

78 **Q.** 次の文の（　）に適する語を書きましょう。

(　　) is your coat wet?
どうしてコートがぬれているのですか。

A. 【正解】(2) ate

ポイント！ what で始まる疑問文も，一般動詞などの現在形と作り方は同じです。
(1) あなたは今朝何を食べましたか。
(2) ご飯とみそ汁を食べました。

A. 【正解】(1) Who (2) Who

ポイント！ (1)「アユミです」と答えているので「誰」かを聞いています。(2)は〈疑問詞＋be 動詞＋主語？〉の形で，補語にあたる部分をたずねています。
(1)「だれが歌っているのですか」 (2)「あの男性はだれですか」

A. 【正解】 Where

ポイント！ 「どこで（場所）」は where。副詞のはたらきをします。
wash my hands は直訳すると「手を洗う」ですね。

A. 【正解】 Which

ポイント！ 「どっち，どちらの」は which。形容詞のはたらきをします。which が名詞の前について使われるています。
　◇ **Which toy**「どっちのおもちゃ」

A. 【正解】(1) What, have (2) have

ポイント！ 「何」は what。「持っていますか」は Do you have ~?
(1)は〈疑問詞＋do [does, did]＋主語＋動詞？〉のパターンです。

A. 【正解】 Why

ポイント！ 「なぜ，どうして」は why。副詞としてのはたらき（理由）をします。
語順は〈疑問詞 ＋ 疑問文？〉になります。

◆疑問詞の基本 - ②

79 **Q.** 次の文の（　）に適する語を書きましょう。

(　) were you born?
あなたはいつ生まれましたか。

80 **Q.** 次の文の（　）に適する語を書きましょう。

(1) **A :** (　) did you come?
あなた方はどのように来ましたか。

(2) **B : We came (　) bus.**
バスで来ました。

81 **Q.** (2)の文を(1)の下線部を問う疑問文にしましょう。

(1) **Mr. Smith will leave Canada <u>next month</u>.**
(2) **(　　　) will Mr. Smith leave Canada?**

82 **Q.** (2)の文を(1)の下線部を問う疑問文にしましょう。

(1) **I made <u>some bread</u>.**
パンを作りました。

(2) **(　　　) did you make?**

83 **Q.** 次の文の（　）に適する語を書きましょう。

(1) **A : (　　　) car is this?**
これはだれの車ですか。

(2) **B : It is my mother's.**
私の母のです。

84 **Q.** 次の文の（　）に適する語を書きましょう。

(1) **A : (　　　) did you spend that evening?**
あなたはその夜どうやって過ごしましたか。

(2) **B : I watched a movie.**
私は映画を見ました。

A. 【正解】**When**

> **ポイント!** 「いつ」は **when**。副詞としてのはたらき（時）をします。語順は〈疑問詞 + 疑問文？〉です。

A. 【正解】(1) **How** (2) **by**

> **ポイント!** 「どのように」は **how**。副詞としてのはたらき（方法）をします。語順は〈疑問詞 + 疑問文？〉です。

A. 【正解】(2) **When**

> **ポイント!** next month と「時」を答えていますから，「時」をたずねる疑問詞の **when** を使います。
> (2)「スミスさんはいつカナダをたちますか」

A. 【正解】(2) **What**

> **ポイント!** some bread と「もの」を答えていますから，「もの」をたずねる疑問詞の **what** を使います。
> (2)「何を作りましたか」

A. 【正解】(1) **Whose**

> **ポイント!** my mother's と「所有物」がだれのものかを答えていますから，「だれの所有物であるかをたずねる」 **whose** を用います。

A. 【正解】(1) **How**

> **ポイント!** 手段や方法をたずねるときに **how** を用います。「どのようにして？」とたずねるときには **how** を使います。

◆前置詞の基本 - ①

85 Q. 次の文の（　）に適する語を書きましょう。

I want to put up (　) a hotel by the lake.
私は湖畔のホテルに泊まりたいです。

86 Q. 次の文の（　）に適する語を書きましょう。

I live (　) Setagaya (　) Tokyo.
私は東京の世田谷に住んでいます。

87 Q. 次の文の（　）に適する語を書きましょう。

There is a ball (　) the table.
テーブルの上にボールがあります。

88 Q. 次の文の（　）に適する語を書きましょう。

There is a ball (　) the table.
テーブルから離れた上のほうにボールがあります。

89 Q. 次の文の（　）に適する語を書きましょう。

(1) The clock is (　) the desk.
時計は机の上の方にあります。

(2) Write your name (　) mine.
あなたは名前を私の名前の下に書きなさい。

90 Q. 次の文の（　）に適する語を書きましょう。

There is a ball (　) the table.
テーブルの下にボールがあります。

A. 【正解】at

ポイント! 名詞や代名詞の前に置くということで，前置詞と言います。日本語の「て・に・を・は」と同じく，単独では意味を成しません。前置詞（**in, at, to, of, with** など）は，表現の中で形容詞や副詞のはたらきをする語句の頭に置かれます。

A. 【正解】at, in

ポイント! 「場所」を表す前置詞① **at** ＝狭い場所「〜に」　② **in** ＝広い場所「〜に」
「場所」については，ある表現に２つの場が表すされた場合は，２つの相対的な「大 - 小」感覚で **at** と **in** を使い分ける必要があります

A. 【正解】on

ポイント! **on** は「〜の上に」。**on** は本来は「接触している」ことを表す語。スイッチの **on** と **off** で，スイッチをつけると，線と線が「接触」して電流が流れます。つまり，**on the table** というと「テーブルに接している」から「テーブルの上に」という訳になるわけです。

A. 【正解】over

ポイント! **over** は「〜の上に」。
over は本来「を越えて」「以上の」「一面に」という意味。つまり，**over the table** と言った場合には「テーブルから離れた上のほうに」という意味です。

A. 【正解】(1) above　(2) below

ポイント! **above** は「…の上の方に」。
「…より下に［へ］，…より低く［い］なら **below** を使います。
◇ **below sea level**「海面下に［の］」

A. 【正解】under

ポイント! **under** は「…の下に」。
under の本来の意味は「…の真下に」ということです。

◆前置詞の基本 - ②

91 **Q.** 次の文の（　）に適する語を書きましょう。

The sun sank (　) the horizon.
太陽は地平線下に没した。

92 **Q.** 次の文の（　）に適する語を書きましょう。

(1) You have a phone call (　) Kobe.
神戸から電話がかかってますよ。

(2) It's the third store (　) the corner.
まがり角から3軒目の店です。

93 **Q.** 次の文の（　）に適する語を書きましょう。

(1) He went (　) New York.
彼はニューヨークへ行った。

(2) He started (　) New York.
彼はニューヨークへ向けて出発した。

94 **Q.** 次の文の（　）に適する語を書きましょう。

(1) I live (　) Tokyo.
(2) We met Mr. Tanaka (　) the park.

95 **Q.** 次の文の（　）に適する語を書きましょう。

(1) He will reach Honolulu (　) the morning.
彼は午前中にホノルルに到着するでしょう。

(2) She'll be back (　) a few minutes.
彼女は2, 3分したらもどるでしょう。

96 **Q.** 次の文の（　）に適する語を書きましょう。

(1) I play tennis (　) the morning.
私は午前中テニスをします。

(2) I play tennis (　) Sunday morning.
私は日曜日の朝テニスをします。

A. 【正解】below

ポイント! below は「…より下にある」ということだが，必ずしも真下または直接下にあることを意味しません。山の頂上などから眼下に見える風景などをいうときは below を使います。つまり，手をのばしてもとどきそうもない「ずーっと下のほう」が below です。

A. 【正解】(1) from (2) from

ポイント! from は「…から」。
from は「時」の表現でも使われていました。日本語でもまったく同じ「…から」ですから，そのまま「時」にも「場所」にも使えます。つまり「起点」を表すわけです。

A. 【正解】(1) to (2) for

ポイント! (1) to は「…へ」。(2) for は「…へ向けて」。
to は「到達点」を示し，for は「目的地」を表します。
start for ... の代わりに leave for ... を用いることもできます。

A. 【正解】(1) in (2) in

ポイント! (1)「東京に」という意味。(2)「公園で」という意味。
(1)「私は東京に住んでいます」
(2)「私たちは公園で田中さんと会いました」

A. 【正解】(1) in (2) in

ポイント! (1) in the morning は「午前中に」という意味。reach は「到着する」。
(2) この in は「…以内に」という意味です。a few minutes は「2, 3分」。be back は「戻る，帰る」ということ。

A. 【正解】(1) in (2) on

ポイント! in the morning「午前中，朝に」です。ただし，ある特定の朝（ここでは日曜の朝）のことをいうときには，前置詞は on に変わります。

◆前置詞の基本 - ③

97 Q. 次の文の（ ）に適する語を書きましょう。

(1) School starts ( ) April ( ) Japan.
学校は日本では4月に始まる。

(2) I came to Tokyo ( ) 1990.
私は1990年に東京にやって来ました。

98 Q. 次の文の（ ）に適する語を書きましょう。

(1) I was born ( ) December.
(2) We have a lot of rain ( ) June.

99 Q. 次の文の（ ）に適する語を書きましょう。

(1) The seeds will come up ( ) spring.
その種は春に芽を出すでしょう。

(2) Okinawa is warm even ( ) winter.
沖縄は冬でも暖かいです。

100 Q. 次の文の（ ）に適する語を書きましょう。

(1) The examinations begin ( ) the twelfth.
試験は12日に始まります。

(2) We close the shop ( ) Sunday.
日曜日には店を閉め(休み)ます。

101 Q. 次の文の（ ）に適する語を書きましょう。

(1) I came home ( ) eight.
私は8時に帰宅した。

(2) I went to school ( ) ten o'clock.
私は10時に学校へ行きました。

102 Q. 次の文の（ ）に適する語を書きましょう。

(1) I waited for you ( ) thirty minutes.
私は30分間あなたを待ちました。

(2) I worked ( ) one ( ) four o'clock.
私は1時から4時まで働きました。

A. 【正解】(1) **in, in**　(2) **in**

ポイント！ **in** の後ろには月・季節・年など時を表す語が入ります。ちなみに，年号は4ケタを2つずつに区切って 19-90 のようにいいます。つまり "ナインティーン・ナインティ" となります。

A. 【正解】(1) **in**　(2) **in**

ポイント！「月」を表すには **in** を使います。ちなみに「曜日」は **on Sunday** のように **on** を用います。
I was born で「私は生まれた」。
(1) 私は 12 月に生まれました。(2) 6 月にはよく雨が降ります。

A. 【正解】(1) **in**　(2) **in**

ポイント！「季節」も **in** です。**in the winter** のように **the** をつける場合もあります。
seed(s) は「種」，**come up** は「(芽など) が出る」という意味です。

A. 【正解】(1) **on**　(2) **on**

ポイント！ **on May 5**「5月5日」や **on Sunday**「日曜日」のように「日」は **on** を用います。
曜日の呼び名は固有名詞ですから，文中のどの位置にきても最初の文字は大文字で書きます。

A. 【正解】(1) **at**　(2) **at**

ポイント！〈**at** ＋時刻〉「～時に」
最後に使われている "**o'clock**" は「～時」ということです。

A. 【正解】(1) **for**　(2) **from, to**

ポイント！ (1)〈**for** ＋期間〉で「～の間」。**waited** は **wait**「待つ」の過去形。
from は「…時から」，**to** は「…時まで」です。
さらに **from** と **to** をセットにして，"**from ～ to …**" で「～から…まで」という言い方ができます。

◆命令文の基本 - ①

103 Q. 次の文の（　）に適する語を書きましょう。
(1)「行きなさい」　　　　　　　（　　）．
(2)「公園へ行きなさい」　　　　（　　）to the park.
(3)「公園へ行ってください」　　Please (　　) to the park.

104 Q. 次の文の（　）に適する語を書きましょう。
ラジオの音を小さくしてください。
(1) (　　　　) lower the radio.
(2) Turn down the radio, (　　　　).
(3) (　　　　) turn down the radio.

105 Q. 次の文の（　）に適する語を書きましょう。
(1) Go (　　　　) on, please.
　　この道をまっすぐ行ってください。
(2) Hurry up, (　　　) you'll catch the train.
　　急ぎなさい，そうすれば電車に間に合いますよ。

106 Q. 次の文の（　）内から正しいものを選びましょう。
(Put / Puts / Do) those drinks in the fridge.
それらの飲み物を冷蔵庫に入れなさい。

107 Q. 次の文の（　）内から正しいものを選びましょう。
(Is / Be / Was) quiet.
静かにしなさい。

108 Q. 次の文の（　）に適する語を書きましょう。
(1) (　　) sure to look both ways at the crossing.
　　交差点では左右を必ず見なさい。
(2) (　　) kind to animals.
　　動物にはやさしくしなさい。

A. 【正解】(1) **Go**　(2) **Go**　(3) **go**

ポイント! 命令文とは「〜しなさい」「〜してください」の意味で使われる表現で，英語では文頭に「動詞の原形」がきます。

A. 【正解】(1) **Please**　(2) **please**　(3) **Please**

ポイント! **Please** つまり「どうぞ」がついているため，ていねいな命令文になっています。シンプルでストレートにこちらの意図を伝えやすい文です。

A. 【正解】(1) **straight**　(2) **and**

ポイント! (1) **straight** は「まっすぐに」という意味。
(2) 命令文に "**and**" がプラスされると「〜しなさい，そうすれば…」のパターンができます。**Hurry up** は「急ぐ」，**catch** は乗り物に間に合って「乗る」ことを表します。

A. 【正解】**Put**

ポイント! 命令文は主語の **you** を省略し，動詞の原形で始めます。
一般動詞 **do, does**（〜をする）の原形は **do**。

A. 【正解】**Be**

ポイント! 命令文は主語の **you** を省略し，動詞の原形で始めます。
be 動詞は原形の **be** で始めます。

A. 【正解】(1) **Be**　(2) **Be**

ポイント! (1) **be sure to** は「必ず〜する」。命令文なので，原形の **Be** で始めます。
(2) 命令文に用いる動詞はいつでも原形。**kind** は形容詞ですから，**be** 動詞が必要です。

◆命令文の基本 - ②

109 Q. 次の文の（　）に適する語を書きましょう。

(1) (　　) careful when you cross the street.
   通りを渡るときには注意しなさい。

(2) Boys, (　　) ambitious.
   少年よ，大志をいだけ。

110 Q. 日本文にあうように［　　］内の語を正しく並びかえなさい。

(1) (give / never / up).
   あきらめるな。

(2) (late / don't / be) for school.
   学校に遅れるな。

111 Q. 次の文の（　）に適する語を書きましょう。

(1) (　　　　) play tennis.
   テニスをしましょう。

(2) (　　　　) broil the beef.
   牛肉を焼こうよ。

112 Q. 日本文にあうように（　）内の語を正しく並びかえなさい。

(1) (a rest / take / let's).
   ひと休みしましょう。

(2) (on Friday / meet / afternoon / let's).
   金曜日の午後に会いましょう。

113 Q. 日本文にあうように（　）内の語を正しく並びかえなさい。

(1) (let's / talk / not) about work.
   仕事の話はやめましょう。

(2) (play / let's / not) outside.
   外で遊ぶのはやめましょう。

114 Q. 次の文の（　）に適する語を書きましょう。

(1) (　　　　) we take a rest?　ひと休みしましょうか。
(2) Yes, (　　　).　　　　　ええ，そうしましょう。
    No, (　　　) (　　　).　いえ，やめましょう

A. 【正解】(1) **Be**　(2) **be**

ポイント! (1) **careful** は形容詞ですから，**be** 動詞が必要です。
(2)クラーク博士の有名なことばですね。**ambitious** は「野心のある」という意味の形容詞です。

A. 【正解】(1) **Never give up**　(2) **Don't be late**

ポイント! 一般動詞の否定の命令文は，〈**Don't[Never]** ＋動詞の原形＋ ~〉のパターン。**be** 動詞の場合は〈**Don't be ~**〉〈**Never be ~**〉の形になります。

A. 【正解】(1) **Let's**　(2) **Let's**

ポイント! 発言者も含めて「みんなで~しましょう」と相手を誘ったり提案するときは，この **Let's** を使います。**Let's** は **Let us** の省略形で，**let** は「…させる」という意味です。つまり，「我々に…させよう」→「…しましょう」ということです。

A. 【正解】(1) **Let's take a rest**　(2) **Let's meet on Friday afternoon**

ポイント! 〈**Let's** ＋動詞の原形＋ ~〉のパターンです。

A. 【正解】(1) **Let's not talk**　(2) **Let's not play**

ポイント! **Let's** 文の否定形は〈**Let's** ＋ **not** ＋動詞の原形＋ ~〉で，「みんなで~しないようにしましょう」という意味になります。
not の位置に注意しましょう。

A. 【正解】(1) **Shall**　(2) **let's, let's, not**

ポイント! **Shall we ~?**「~しましょうか」
◇ **Shall we start?**「出発しましょうか」
Yes, let's.「はい，そうしましょう」
No, let's not.「いえ，やめましょう」

◆進行形の基本 - ①

115 Q. 次の語を -ing 形にしましょう。

(1) **make** → (　　　　)
(2) **run** → (　　　　)
(3) **lie** → (　　　　)

116 Q. 次の文の（　）内の語を正しい形に直しましょう。

(1) **I am (cook) right now.**
ちょうど今，料理をしています。

(2) **He is (lie) under the tree.**
彼は木の下で横になっています。

117 Q. 日本文にあうように（　）内の語を正しく並べかえましょう。

(1) **They (for / looking / are) the key now.**
彼らは今キーを探しています。

(2) **I (to / am / trying) lose weight.**
私は今やせる努力をしている。

118 Q. 日本文にあうように（　）内の語（句）を過去形に直しましょう。

(1) **I (am swimming) in the pool then.**
私はそのときプールで泳いでいました。

(2) **We (are reading) some books.**
私たちは本を読んでいました。

119 Q. 次の文を［　］内の指示にしたがって書きかえましょう

(1) **He is running.**［否定文に］

(2) **He is running.**［疑問文に］

120 Q. 次の文の［　］内から正しいものを選びましょう。

She (is knowing / knows) him very well.
彼女は彼のことをよく知っています。

A. 【正解】(1) making　(2) running　(3) lying

ポイント! ing 形の作り方の規則は次のとおりです。
◇ -e の語は e をとって ing。make ⇒ making　◇ 短母音＋子音は子音字を重ねて ing。run ⇒ running　◇ -ie の語は ie ⇒ y に変える。lie ⇒ lying，以上の他の普通の語には，そのまま ing をつけます。

A. 【正解】(1) cooking　(2) lying

ポイント! 文字通りに，眼前で「行われて（行って）いる」ことを進行形は表します。つまり，日本語では「…している」と訳されます。「今…している」は現在進行形です。

A. 【正解】(1) are looking for　(2) am trying to

ポイント! (1)の look for... で「…を探す」という意味を表します。lose weight は「体重を減らす」。
進行形は〈be 動詞＋ing 形〉で表します。ing とは，動詞の原形に ing をつけたものです。

A. 【正解】(1) was swimming　(2) were reading

ポイント! 過去進行形は文字通りに，眼前で「行われて（行って）いた」ことを表します。〈過去形の be 動詞＋ing 形〉の形で表します。過去形の be 動詞は was，were ですね。

A. 【正解】(1) He isn't running.　(2) Is he running?

ポイント! 進行形は「be 動詞の文」なのでその規則に従います。
(1) He isn't running.　「彼は走っていません」
(2) Is he running?　「彼は走っていますか」

A. 【正解】knows

ポイント! know は進行形にできない「状態の動詞」。進行形は動作の進行を表すときに使います。know のように，動詞自体が「継続的な状態」や「自分の意思で持続を左右できない感覚」「感情」などの意味をもつものは進行形にはできません。

◆進行形の基本 - ②

121 **Q.** 次の文の（　）内から正しいものを選びましょう。

Yuki (has / is having) a lot of books.
ユキはたくさんの本を持っている。

122 **Q.** 次の文の（　）内から正しいものを選びましょう。

We (are having / have) a good time.
私たちは楽しいときを過ごしています。

123 **Q.** 次の文の（　）内から正しいものを選びましょう。

I (have / am having) breakfast now.
今朝食をとっているところです。

124 **Q.** 次の文の（　）内から正しいものを選びましょう。

Lucy (resembles / is resembling) her mother.
ルーシーはお母さんに似ている。

125 **Q.** 次の文の（　）内から正しいものを選びましょう。

I (love / am loving) you.
あなたを愛しています。

126 **Q.** 次の文の（　）内から正しいものを選びましょう。

(1) I (listen / am listening) to the radio now.
今，ラジオを聞いているところです。

(2) I (watch / am watching) TV now.
今，テレビを見ているところです。

A. 【正解】 has

ポイント！ have は「持っている」という意味で，それ自体が「継続的な状態」を表しています。このように，もともと継続的な状態を表す動詞は進行形にしません。

A. 【正解】 are having

ポイント！ have は「持っている」という意味では進行形にはできませんが，「過ごす」という意味では進行形にできます。

A. 【正解】 am having

ポイント！ have は「持っている」という意味では進行形にはできませんが，「食べる」という意味では進行形にできます。

A. 【正解】 resembles

ポイント！ resemble は進行形にしない動詞。is resembling は「似つつある→どんどん似てきている」という意味でなら可能です。
exist「存在する」, belong「…に属している」, seem「…に思える」なども通常進行形にはしません。

A. 【正解】 love

ポイント！ love は通常進行形にしない動詞。思考・感情・気持ちを表す動詞は進行形にしません。
like「好む」, want「…を欲している」, know「知っている」, wish「…を望んでいる」なども同様です。

A. 【正解】 (1) am listening (2) am watching

ポイント！ 知覚を表す動詞は進行形にしません。しかし，listen や watch は意志を込めた動作なので進行形にすることができます。see「見える」, hear「聞こえる」, feel「感じがする」, smell「…のにおいがする」, taste「味わう」などは進行形にしません。

◆助動詞の基本 - ①

127 **Q.** 次の文の（　）に適する語を書きましょう。

(1) It (　　) (　　) fine tomorrow.
あすは晴れるだろう。

(2) I (　　) (　　) thirty on my next birthday.
今度の誕生日で30歳になります。

128 **Q.** 次の文の（　）に適する語を書きましょう。

(1) All right, I (　　) do that.
よろしい，それをやりましょう。

(2) His popularity (　　) go down soon.
彼の人気はすぐに落ち込みますよ。

129 **Q.** 次の文の（　）に適する語を書きましょう。

(1) She (　　) play the guitar.
彼女はギターをひくことができます。

(2) He (　　) give up smoking.
彼はたばこをやめることができます。

130 **Q.** 次の文の（　）に適する語を書きましょう。

(1) He (　　) go.
彼は行くつもりです。

(2) She (　　) be a teacher.
彼女は先生かもしれない。

131 **Q.** 次の文を [　　] 内の意味に書き直しましょう。

(1) He'll come. [彼は来ないでしょう]
(2) I can find my baggage. [荷物が見つからないんです]
(3) Mr. Brown may be a doctor.
　　[ブラウンさんは医者ではないかもしれない]

132 **Q.** 次の文の（　）に適する語を書きましょう。

Can you speak English?
Yes, I (　　).　　はい，話せます。
No, I (　　).　　いいえ，話せません。

A. 【正解】(1) **will, be**　(2) **will, be**

ポイント 助動詞は，主語と動詞の間に置かれます。未来形の **will** を使ったときには，時つまり「いつごろ」を表す語（句）がつきます。
◇ **tomorrow**「明日」，**the day after tomorrow**「明後日」，**next week**「来週」

A. 【正解】(1) **will**　(2) **will**

ポイント 意志未来の **will** は「…するつもりである，…しようと思う」という意味を表します。
◇ **his popularity**「彼の人気」，**go down**「落ち込む」

A. 【正解】(1) **can**　(2) **can**

ポイント 助動詞の **can** は主語と動詞の間に入り，動詞は「原形」にします。
◇ **give up smoking**「たばこをやめる」

A. 【正解】(1) **will**　(2) **may**

ポイント 助動詞の後の動詞はすべて原形となります。つまり，主語が「3人称」で「単数」，そして「現在形」の場合でも **will**，**can**，**may** などの助動詞の後では **s** や **es** のついた形にはなりません。
(2)は，助動詞 **may** を使っているので **is** が **be** になっています。

A. 【正解】(1) **He will not (won't) come.**　(2) **I can not (can't) find my baggage.**　(3) **Mr. Brown may not be a doctor.**

ポイント **will**，**can**，**may** などの助動詞の否定は，各々に **not** をつけるだけです。ただし，**will not** → **won't**，**can not** → **can't** または **cannot** のような短縮形になることもあります。

A. 【正解】 **can, can't**

ポイント 助動詞を使った表現の疑問と応答のパターンは，次のように頭に入れます。「助動詞 **…?**」⇒ 助動詞で答える。
「あなたは英語が話せますか」

◆助動詞の基本 - ②

133 Q. 次の文を [ ] 内の指示にしたがって書きかえなさい。

(1) **She'll start for London tomorrow.** [疑問文に]
(2) **You can swim very fast.** [疑問文に]

134 Q. 次の英文を正しく書き直しましょう。

The children will can walk next year.
その子どもたちは来年歩けるようになるだろう。

135 Q. 日本文にあうように ( ) 内の語を正しく並びかえましょう。

I will (able / be / to / meet) Sachiko tomorrow.
あしたはサチコにあえるだろう。

136 Q. 次の文の ( ) に適する語を書きましょう。

(1) **I could swim.** → I ( ) ( ) ( ) swim.
(2) **He couldn't swim.** → He ( ) ( ) ( ) swim.

137 Q. 次の文の ( ) に適する語を書きましょう。

We ( ) learn a lesson from nature.
私たちは自然から教訓を学ばねばならない。

138 Q. 次の文の ( ) に適する語を書きましょう。

(1) **He ( ) ( ) an engineer.**
彼はエンジニアにちがいない。
(2) **I'm ( ) that he is an engineer.**
きっと彼はエンジニアだと思う。

A. 【正解】(1) **Will she start for London tomorrow?**
(2) **Can you swim very fast?**

ポイント! 助動詞を使った文では，文頭に助動詞の位置を移すと疑問文ができあがります。**start for ...** は「…へ向けて出発する」。

A. 【正解】**The children will be able to walk next year.**

ポイント! **will** と **can** の両方の意味を表したいとき（未来形）には，**will be able to** を用います。助動詞は2つ重ねて使うことはできません。

A. 【正解】**be able to meet**

ポイント! **can** は〈**be** 動詞＋**able** ＋ **to**〉の形に置き換えられます。
I can swim. ⇒ **I am able to swim.** 〔現在形〕
Can you swim? ⇒ **Are you able to swim?**

A. 【正解】(1) **was, able, to**　(2) **wasn't, able, to**

ポイント! **can** の過去形は **could** ですね。**could** は **was / were able to** と置きかえが可能です。
(1) 私は泳ぐことができた。
(2) 私は泳ぐことができなかった。

A. 【正解】**must**

ポイント! **must** には2つの意味があります。この **must** は「〜しなければならない」という意味です。
lesson には「教訓」という意味もあります。

A. 【正解】(1) **must, be**　(2) **sure**

ポイント! 「〜にちがいない」という意味の **must** です。
an engineer に注意。冠詞は **an** になりますね。
◇ **She must be sick.**（彼女は病気にちがいない）

◆助動詞の基本 - ③

139 **Q.** ほぼ同じ意味になるように（ ）内に適当な語を入れましょう。
(1) **Must I go there by train?**
(2) **(　　) I (　　) (　　) go there by train?**

140 **Q.** 次の文の（ ）に適する語を書きましょう。
You (　　) (　　) (　　) work on Sundays.
日曜日ははたらく必要がない。

141 **Q.** 次の文の（ ）に適する語を書きましょう。
You (　　) (　　) swim in the pond.
その池で泳いではいけない。

142 **Q.** 次の文の（ ）に適する語を書きましょう。
(1) **(　　) ( ) go at once?**　すぐに行かなければなりませんか。
(2) **Yes, you (　　).**　　　はい，そうです。
　No, you (　　) (　　) (　).
　　　　　　　　　　　　　いいえ，その必要はありません。

143 **Q.** 次の文の（ ）に適する語を書きましょう。
You (　　) (　　) transfer at the next station.
次の駅で乗り換えたほうがいいですよ。

144 **Q.** 次の文の（ ）に適する語を書きましょう。
You (　　) (　　) (　　) transfer at the next station.
次の駅で乗り換えないほうがいいですよ。

A. 【正解】(2) **Do, have, to**

> **ポイント!** must = have to
> have[has] to は文法的には一般動詞なので，疑問文は **Do[Does / Did]** で始めます。
> 「そこへ電車で行かなくてはなりませんか」

A. 【正解】**don't, have, to**

> **ポイント!**
> 過去形：**had to**「…する必要があった」
> 未来形：**will have to**「…する必要があるだろう」
> 否定形：**don't have to** = **need not**「…する必要はない」

A. 【正解】**must, not**

> **ポイント!** must not は「～してはいけない」と禁止を表します。
> in the pond は「池で」。

A. 【正解】(1) **Must, I** (2) **must** (3) **don't, have, to**

> **ポイント!** 応答の表現には注意が必要です。「はい，そうです」の肯定の応答なら "**Yes, you must.**" ですが，否定の表現では "**must not**" は使えません。これは「いいえ，ダメです」という意味になってしまいます。

A. 【正解】**had, better**

> **ポイント!** had better ...「…したほうがよい」は助動詞のようなはたらきをし，後に動詞の原形がきます。

A. 【正解】**had, better, not**

> **ポイント!** had better ...「…したほうがよい」の否定の「…しないほうがよい」は，**had better not ...** の語順で用います。

◆助動詞の基本 - ④

145 Q. (1)の文を過去形になるように(2)の( )に適する語を書きましょう。
(1) I must go there.
(2) I ( ) ( ) go there.

146 Q. 次の文の( )に適する語を書きましょう。
Cindy ( ) ( ) be at home now.
シンディーは今家にいないかもしれない。

147 Q. 次の文の( )に適する語を書きましょう。
(1) May I smoke here?　　ここでタバコを吸っていいですか。
(2) No, you ( ) ( ).　いえ、よくないです。
　　No, you ( ) ( ).　いえ、ダメです。〔強意〕

148 Q. 次の文の( )に適する語を書きましょう。
(1) Will you ( ) ( ) the TV?
　　テレビをつけてくれますか。
(2) Will you ( ) ( ) the TV?
　　テレビを消してくれますか。

149 Q. 次の文の( )に適する語を書きましょう。
(1) Shall we meet at five?
　　5時に会いましょうか。
(2) Yes, ( ).　　はい、そうしましょう。
　　No, ( ) ( ).　いや、よしましょう。

150 Q. ほぼ同じ内容を表すように、( )に適する語を書きましょう。
(1) I will take a long vacation this summer.
　　今年の夏は長い休みをとるつもりです。
(2) I ( ) ( ) ( ) take a long vacation this summer.
　　今年の夏は長い休みをとるつもりです。

A. 【正解】(2) had, to

ポイント！ must = have to です。must には過去形はありません。must は have to と置きかえができますが，have には had という過去形があります。つまり，must の過去形として「私はそこへ行かねばならなかった」という表現に had to を使っているわけです。

A. 【正解】may, not

ポイント！「…でないかもしれない」は may not ~。
may は「…かもしれない」という意味。

A. 【正解】(2) may, not / must, not

ポイント！ may は「…していいです」。疑問文にすると「～してもいいですか」と許可を求める表現になります。
応答は Yes の場合には，Yes, please.「どうぞ」です。ただし，No のときは(2)の感覚を知っておく必要があります。

A. 【正解】(1) turn, on (2) turn, off

ポイント！「～してくれますか」と，人に何かの依頼をするときの必須表現。will を使います。Will you ~? は単なる未来形の疑問文でも使えますが，実際は人に行動依頼をするときのパターンとして使うケースのほうが多いといえます。

A. 【正解】(2) let's / let's, not

ポイント！「(いっしょに) …しましようか」の表現。
Shall we ~? のパターン。これに対する応答は Yes, let's.「はい，そうしましょう」No, let's not.「いや，よしましょう」となります。

A. 【正解】(2) am, going, to

ポイント！ will は〈be 動詞＋going to〉の形で言いかえられます。
主語によって be 動詞は様々の形（am, are, is, was, were）をとります。
特に，この言い方では「～するつもりです」というニュアンスになります。

◆受動態の基本

151 **Q.** 次の(1)の英文を(2)で受動態にしましょう。

(1) **They speak English and French in Canada.**
(2) **English and French (   ) (   ) in Canada.**

152 **Q.** 次の文の (   ) に適する語を書きましょう。

(1) **The shop (   ) (   ) from seven to eleven.**
その店は 7 時から 11 時まで開けられています。
(2) **Many things (   ) (   ) at that store.**
あの店では多くの物が売られています。

153 **Q.** 次の(1)の英文を(2)で受動態にしましょう。

(1) **We can see Mt. Fuji from here.**
ここから富士山を見ることができます。
(2) **Mt. Fuji can (   ) (   ) from here.**
富士山はここから見られます。

154 **Q.** 次の文の (   ) に適する語を書きましょう。

This table (   ) reserved.
このテーブルは予約済みではありません。

155 **Q.** 次の英文を受動態にしましょう。

(1) **Everyone liked Sarah.**
(2) **He will solve the problems within ten minutes.**

156 **Q.** (1)の英文を(2)と(3)の 2 つの受動態にしましょう。

(1) **Tim sent Karen a letter.**
(2) **(   ) was sent a letter by (   ).**
(3) **A letter was sent (   ) by (   ).**

A. 【正解】(2) **are, spoken**

ポイント! 受動態は〈**be**動詞＋過去分詞〉のパターンで作ります。
【能動態】カナダでは英語とフランス語を話します。
【受動態】カナダでは英語とフランス語が話されます。

A. 【正解】(1) **is, opened**　(2) **are, sold**

ポイント! "**is opened**"の部分は「開けられる」という意味。
(1) **from seven to eleven** は「7時から11時まで」。
(2) **are sold**「売られている」

A. 【正解】(2) **be, seen**

ポイント! 普通の受け身の文に助動詞がつくと，〈助動詞＋**be**動詞＋過去分詞〉の形になります。

A. 【正解】(1) **isn't**

ポイント! 否定文は**be**動詞と過去分詞の間に**not**を入れます。
This table is　　　reserved.（このテーブルは予約済みです）
↓
This table is　not　reserved.

A. 【正解】(1) **Sarah was liked by everyone.**
　　　　(2) **The problems will be solved by him within ten minutes.**

ポイント! (1)「サラはみんなに愛されていた」→第3文型の受動態
(2)「10分以内にその問題は彼によって解かれるでしょう」→助動詞の入った文の受動態

A. 【正解】(2) **Karen, Tim**　(3) **Karen, Tim**

ポイント! (1)ティムはカレンに手紙を送った。
(2)カレンはティムによって手紙を送られた。
(3)手紙はティムによってカレンに送られた。

◆感嘆文の基本

157 **Q.** 次の文の（　）に適する語を書きましょう。

(1) **This is a very beautiful flower.**
これはとても美しい花です。

(2) **(　　　) a beautiful flower this is!**
これはなんて美しい花なのでしょう！

158 **Q.** 次の文の（　）に適する語を書きましょう。

(　　　) romantic he is!
彼ってなんてロマンチックなの！

159 **Q.** 次の文の（　）内から正しいものを選びましょう。

(1) **(What / How) pretty this flower is!**
この花はなんてきれいなんでしょう！

(2) **(What / How) a good singer he is!**
彼はなんてすばらしい歌手なんでしょう！

160 **Q.** 次の文の（　）内から正しいものを選びましょう。

(How / What) pretty sweaters these are!
これらはなんてすてきなセーターなんでしょう！

161 **Q.** 次の文の（　）内から正しいものを選びましょう。

(How / What) good children they are!
なんていい子たちなの！

162 **Q.** 次の文の（　）内から正しいものを選びましょう。

(How / What) difficult books these are!
これらはなんと難しい本なのでしょう！

A.【正解】(2) **What**

ポイント! 「なんて…でしょう」と感心したり，驚いたりしたときの強い気持ちや感情を表す文が感嘆文。感嘆文には **What** で始まるものと **How** で始まるものとがあります。文末には感嘆符［**!**］を置きます。

A.【正解】**How**

ポイント! **How** のときは後ろが形容詞（句）か副詞（句）になります。〈**How** ＋形容詞［副詞］＋（主語＋動詞 ~）〉のパターンで，補語になっている形容詞や動詞を修飾している副詞を強調します。

A.【正解】(1) **How**　(2) **What**

ポイント! (1) **pretty** は形容詞だから **How**，(2) **a good singer** は名詞句だから **What** ですね。

A.【正解】**What**

ポイント! 〈**What** ＋形容詞＋複数名詞**!**〉の場合，**How** ~ とまちがいやすいので注意しましょう。

A.【正解】**What**

ポイント! 複数形に注意！
〈**What** ＋ **a**［**an**］形容詞＋名詞~ **!**〉のパターンは「＋名詞」の部分に注意しましょう。名詞が複数または不加算の場合には **a[an]** は不要です。

A.【正解】**What**

ポイント! 複数形に注意！
What ~ **!** の文で，名詞が複数形のときは，不定冠詞 **a[an]** は不要です。

◆不定詞の基本

163 **Q.** 日本文にあうように（　）内の語を正しく並べかえましょう。

(1) **(to / to / see / is / believe).**
見ることは信じることである＝百聞は一見にしかず

(2) **He (live / likes / to) in the country.**
彼は田舎に住むのが好きだ。

164 **Q.** 日本文にあうように（　）内の語を正しく並べかえましょう。

(1) **We (to / time / play / have / soccer).**
私たちはサッカーをする時間があります。

(2) **Please (to / me / hot / give / drink / something).**
何か温かい飲み物をください。

165 **Q.** 次の文の（　）に適する語を書きましょう。

He told us (　) (　) be noisy.
彼は私たちに静かにしなさいと言った。

166 **Q.** 日本文にあうように（　）内の語を正しく並べかえましょう。

(1) **We (there / went / see / to) her.**
私たちは彼女に会うためにそこに行った。

(2) **I'm (to / glad / see) you.**
あなたにお会いできてうれしいです。

167 **Q.** 次の英文中の to 不定詞の用法は？

I am sad to leave this town.
この町を去るのは悲しい。
（イ）名詞的用法　（ロ）形容詞的用法　（ハ）副詞的用法

168 **Q.** 次の英文を日本語にしてみましょう。

(1) **I have nothing to eat.**
(2) **We went there to see her.**
(3) **He likes to read books.**
(4) **I'm very happy to be with you.**

A. 【正解】(1) **To see is to believe**　(2) **likes to live**

ポイント！ 名詞的用法の不定詞は，主語や補語や目的語として使われます。名詞的用法の不定詞が，(2)のように目的語になるときは，「～すること」と訳すと不自然になるケースが多いので，「住むのが好きだ」のように訳すほうがいいでしょう。

A. 【正解】(1) **have time to play soccer**
　　　　(2) **give me something hot to drink**

ポイント！ 〈形容詞的用法〉形容詞のはたらきをする不定詞ですから名詞を修飾します。-thing を形容詞と不定詞が修飾するときは，〈-thing＋形容詞＋不定詞〉の語順になります。

A. 【正解】**not, to**

ポイント！ 不定詞を否定するときは，その直前に **not** や **never** を置きます。

A. 【正解】(1) **went there to see**　(2) **glad to see**

ポイント！ 副詞的用法の不定詞は，動詞を修飾してその動作の目的を表します。また，**glad** や **sad** などの形容詞を修飾して，なぜそのような気持ちになったのかの「原因や理由」を表します。

A. 【正解】(ハ)

ポイント！ to leave は形容詞の sad にかかる副詞的用法です。
「うれしい」とか「悲しい」などの感情表現の後に置かれます。
be happy to ...「…してうれしい」，be sad to ...「…して悲しい」，
be surprised to ...「…して驚く」なども同様です。

A. 【正解】(1) 私には食べるものが何もない。(2) 私たちは彼女に会うためにそこに行った。(3) 彼は本を読むのが好きだ。(4) あなたとご一緒できてとてもうれしく思います。

ポイント！ (1)形容詞的用法　(2)副詞的用法　(3)名詞的用法　(4)副詞的用法

◆動名詞の基本

169 Q. 次の文の（　）に適する語を書きましょう。

(1) (　　　　　) is good exercise.
歩くことは良い運動です。

(2) (　　　　　) Japanese is not so difficult.
日本語を話すことはそんなに難しくはない。

170 Q. 次の文の（　）に適する語を書きましょう。

(1) (　　　　　) good-bye is hard for me.
さようならを言うのはつらい。

(2) (　　　　　) with Ayumi is fun.
亜由美と話をするのは楽しい。

171 Q. 次の文の（　）に適する語を書きましょう。

(1) Freddie's hobby is (　　　　　) golf.
フレディーの趣味はゴルフをすることだ。

(2) My job is (　　　　　) French.
私の仕事はフランス語を教えることです。

172 Q. 次の文の（　）に適する語を書きましょう。

(1) We enjoyed (　　　　　) tennis.
私はテニスをして楽しんだ。

(2) I finished (　　　　　) the book yesterday.
私はきのう，その本を読み終えた。

173 Q. 次の文の（　）に適する語を書きましょう。

(1) I forgot (　　　　　) him.
私は彼に会ったことを忘れた。

(2) I forgot (　　) (　　) him.
私は彼に会うことを忘れた。

174 Q. 次の文の（　）に適する語を書きましょう。

(1) I am very fond of (　　　　　).
ぼくは酒を飲むのが大好きだ。

(2) I am fond of (　　　　　) baseball games.
私は野球の試合を見るのが好きです。

A. 【正解】(1) **Walking**　(2) **Speaking**

ポイント！ 文の主語としての動名詞。
両者ともに「…すること（は）」の意味を表しています。これが動名詞の基本的な意味です。

A. 【正解】(1) **Saying**　(2) **Talking**

ポイント！ 動名詞が主語になる時は3人称単数扱いなので、(1)(2)とも〈**is**〉が使われています。動名詞は名詞と同じようなはたらきをします。

A. 【正解】(1) **playing**　(2) **teaching**

ポイント！ **is playing** の形は進行形と同じですから間違わないようにしましょう。**playing golf** は「ゴルフをすること」で、**Freddie's hobby** = **playing golf** となります。つまり動詞の補語になっています。

A. 【正解】(1) **playing**　(2) **reading**

ポイント！ **We enjoyed playing tennis.** は「私たちは楽しんだ→（何を？）→「テニスをすること」ですから、**playing tennis** は動詞の目的語になっています。

A. 【正解】(1) **seeing**　(2) **to, see**

ポイント！ **forget V-ing** は「Vしたことを忘れる」ですが、**forget to V**（原形動詞）は「Vし忘れる」と言う意味になります。

A. 【正解】(1) **drinking**　(2) **watching**

ポイント！ これらの動名詞は前置詞の目的語になっています。
前置詞の後は名詞に相当する語がくるので、動詞は動名詞にします。
◇ **She is very fond of playing the piano.**（彼女はピアノを弾くことがとても好きだ）

◆現在完了の基本 - ①

175 Q. 次の文の（　）に適する語を書きましょう。

(1) I (　　) a panda two years ago.
私はパンダを2年前に見た。

(2) I (　　) (　　　) seen a panda.
私はかつてパンダを見たことがある。

176 Q. 次の英文を日本語にしましょう。

(1) She has just arrived here.
(2) They have already had lunch.

177 Q. 日本文にあうように（　）内の語を正しく並べかえましょう。

(1) Have (you / finished / work / yet / your)?
あなたはもう仕事を終わりましたか。

(2) He (has / for / in Tokyo / ten years / lived).
彼は10年間東京に住んでいる。

178 Q. 次の語の過去形と過去分詞を（　）内に書きましょう。

原形	過去形	過去分詞
(1) call	→ (　　)	→ (　　)
(2) live	→ (　　)	→ (　　)
(3) look	→ (　　)	→ (　　)

179 Q. 次の語の過去形と過去分詞を（　）内に書きましょう。

原形	過去形	過去分詞
(1) be	→ (　　)	→ (　　)
(2) catch	→ (　　)	→ (　　)
(3) go	→ (　　)	→ (　　)
(4) see	→ (　　)	→ (　　)

180 Q. 次の文の（　）内から正しいものを選びましょう。

I (have finished / finished) my work just now.
ちょうど今仕事を終えました。

A. 【正解】(1) **saw**　(2) **have, once**

ポイント! この文は「2年前に」と「明らかな過去の一時点」を示しています。従って過去形で表します。「かつて…を見たことがある」というのは「過去のある時点から現在までの間に見たという経験」を表していますから，過去ではなく，現在完了で表します。

A. 【正解】(1)彼女は今着いたばかりです。
(2)彼らはもう昼食を食べました。

ポイント! (1) **just**「ちょうど」　(2) **already**「すでに」などの副詞は，完了形とともに用いられます。

A. 【正解】(1) **you finished your work yet**
(2) **has lived in Tokyo for ten years**

ポイント! (1)現在完了形では，**yet** のような「時の副詞」の使い方がポイント。(2)期間を表す **for …** も，完了形とともに用いられます。

A. 【正解】(1) **called, called**　(2) **lived, lived**　(3) **looked, looked**

ポイント! 「過去分詞」というのは，動詞の変化形の1つです。動詞を過去形にするとき「規則変化」と「不規則変化」するものがありましたね。過去分詞も同じです。規則変化をするものは，原形に **ed** あるいは **d** をつけて作ります。

A. 【正解】(1) **was [were], been**　(2) **caught, caught**
(3) **went, gone**　(4) **saw, seen**

ポイント! (1) **be** →（**be** 動詞の原形）　(2) **catch** →（つかまえる）　(3) **go** →（行く）　(4) **see** →（見る）

A. 【正解】**finished**

ポイント! **just** は完了形で使えますが，**just now**「ちょうど今」は過去の表現で使います。

◆現在完了の基本 - ②

181 Q. 次の文の（ ）内から正しいものを選びましょう。

She (has read / read) the book two days ago.
彼女は2日前にその本を読んだ。

182 Q. 次の文の（ ）に適する語を書きましょう。

(1) I have (　　) had breakfast (　　).
まだ朝食を食べていません。

(2) I (　　　　) finished my work (　　).
私はまだ仕事が終わっていない。

183 Q. 次の文の（ ）に適する語を書きましょう。

(1) (　　　　) you finished it (　　)?
もうそれを終わりましたか。

(2) Yes, I (　　　　). / No, (　　) (　　).
はい，終わりました。／いいえ，まだ終えていません。

184 Q. 次の文の（ ）に適する語を書きましょう。

(1) (　　　　) the children (　　　　) to bed (　　)?
もう子供たちは寝ましたか。

(2) Yes, (　　) (　　). / No, (　　) (　　).
はい，寝ました。／いいえ，まだです。

185 Q. 次の文の（ ）に適する語を書きましょう。

(1) I have (　　) to Hawaii.
私はハワイに行ったことがあります。

(2) She has (　　) to Hawaii.
彼女はハワイへ行ってしまった。

186 Q. 次の文の（ ）内から正しいものを選びましょう。

When (did you see / have you seen) him?
いつ彼に会ったのですか。

A. 【正解】read

ポイント! 明らかに過去を表す yesterday, last year, last week, … ago（今から…前に，以前に）などや疑問詞の when などは，現在完了形では用いられません。

A. 【正解】(1) not, yet　(2) haven't, yet

ポイント! 現在完了の否定文は，〈have not [haven't] ＋過去分詞〉や〈has not [hasn't] ＋過去分詞〉の形で表します。

A. 【正解】(1) Have, yet　(2) have, not, yet

ポイント! 現在完了の疑問文は，have や has を主語の前に出して作ります。時の副詞の yet は，「もう」という意味で，完了形の疑問文で使われます。

A. 【正解】(1) Have, gone, yet　(2) they, have, not, yet

ポイント! the children は複数形ですから，現在完了の疑問文は，have を主語の前に出して作ります。

A. 【正解】(1) been　(2) gone

ポイント! (1) have been to ... で「…に行ったことがある」という意味になります。(2) have gone to ... は「行ってしまって，今ここにはいない」という意味になります。

A. 【正解】did you see

ポイント! 過去形で表すと，過去の特定の時に「会った」動作を表します。また，when で始まる疑問文も現在完了とともに用いることはできません。when は「過去の特定の時」をたずねる語だからです。

◆付加疑問文の基本

187 Q. 次の文の（ ）に適する語を書きましょう。
Your father went fishing, (　　) (　　)?
あなたのお父さんは釣りに行ったんですね。

188 Q. 次の文の（ ）に適する語を書きましょう。
Miyuki is not busy today, (　) (　　)?
ミユキさんは今日忙しくないんですね。

189 Q. 次の文の（ ）内から正しいものを選びましょう。
Open the window, (will you / shall we)?
窓を開けてください。

190 Q. 次の文の（ ）内から正しいものを選びましょう。
Let's go to Hokkaido, (will you / shall we)?
北海道に行きましょう。

191 Q. 次の文の（ ）に適する語を書きましょう。
Pass me the butter, (　　) (　　)?
バターを取ってくれませんか。

192 Q. 次の文の（ ）に適する語を書きましょう。
Let's dance, (　　) (　　)?
踊りましょう。

A. 【正解】**didn't, he**

> **ポイント!** 平叙文の後に2語の疑問の形を付け加えて,「～ですよね」「～ですね」と相手に念を押したり,同意を求める表現が付加疑問文です。文末にコンマを打って疑問の形を付加します。

A. 【正解】**is, she**

> **ポイント!** 前半の部分が肯定文ですから,〈肯定文, **don't you?** / **can't you?**〉のようなパターンで,後ろにくる付加疑問は否定形にします。

A. 【正解】**will you**

> **ポイント!** 命令文の後には **... , will you?** または **... , won't you?** を付けます。

A. 【正解】**shall we**

> **ポイント!** **Let's** で始まる文には **... , shall we?** を付けます。

A. 【正解】**will, you** または **won't, you**

> **ポイント!** 命令文の後には **... , will you?** または **... , won't you?** を,付けます。

A. 【正解】**shall, we**

> **ポイント!** **Let's** で始まる文には **... , shall we?** を付けますね。

◆関係代名詞の基本 - ①

193 **Q.** 次の文の（　）に適する語を書きましょう。

I have a friend (　　) lives in Nagano.
私には長野に住んでいる友だちがいる。

194 **Q.** 次の文の（　）に適する語を書きましょう。

Look at the man (　　) slipped on the ice.
氷で滑った男性を見てごらん。

195 **Q.** 次の文の（　）に適する語を書きましょう。

(1) I know a woman (　　　　) daughter lives in Brazil.
私は娘がブラジルに住んでいる女性を知っている。

(2) He made a doghouse (　　　　) roof is pink.
彼は屋根がピンク色の犬小屋を作った。

196 **Q.** 次の文の（　）に適する語を書きましょう。

I have a brother (　　　) name is Masao.
私にはマサオという名前の弟がいます。

197 **Q.** 次の2つの文を関係代名詞を使って1つの文にしましょう。

I know a man. ＋ He can speak Norwegian.
私はノルウェー語が話せる男性を知っています。

198 **Q.** 次の2つの文を関係代名詞を使って1つの文にしましょう。

I know the woman. ＋ You met her at the airport.
あなたが空港で会った女性を私は知っています。

A. 【正解】who

ポイント！ a friend は「人」ですから，who, whose, whom のいずれかが入ります（that の場合もあります）。
この文は（　　）の次が動詞なので，主格の who が入ります。

A. 【正解】who

ポイント！ the man も「人」ですから，who, whose, whom のいずれかが入ります（that の場合もあります）。
この文も（　　）の次が動詞なので，主格の who が入ります。

A. 【正解】whose

ポイント！ (1)と(2)の文では，「所有格」の関係代名詞が使われています。(1)の先行詞は「人（a woman）」で，(2)の先行詞は「人以外（a doghouse）」ですが，両者ともに所有格の関係代名詞は whose です。この whose は所有格の代名詞を兼ねています。

A. 【正解】whose

ポイント！ 次のように考えても解けますね。
（　　）に he か his か him を入れてみます。
he name は×，his name は○，him name は×ですね。his は所有格ですから，所有格の関係代名詞の whose を入れます。

A. 【正解】I know a man who can speak Norwegian.

ポイント！ 2つの文で共通の内容を示しているのは，man と He です。つまり，前出の名詞（man）を受けているのが代名詞の He です。

A. 【正解】I know the woman whom you met at the airport.

ポイント！ 2つの文で共通の内容を示しているのは，woman と her です。つまり，前出の名詞（woman）を受けているのが代名詞の her です。

◆関係代名詞の基本 - ②

199 **Q.** 次の英文を日本語にしましょう。

Nara is a city which has a long history.

200 **Q.** 次の英文を日本語にしましょう。

This is the digital camera which I bought yesterday.

201 **Q.** which または that が省略されている前の語を書きましょう。

These are the pictures I took while in New York.
これらは私がニューヨークにいるときに撮った写真です。

202 **Q.** 次の文の（　）に適する語を書きましょう。（that を除く）

I know the girl (　　　) is singing there.
私はあそこで歌っている女の子を知っている。

203 **Q.** 次の文の（　）に適する語を書きましょう。（that を除く）

He has a sister (　　　) lives in Nagoya.
彼には名古屋に住んでいる姉［妹］がいる。

204 **Q.** 次の文の（　）に適する語を書きましょう。（that を除く）

This is the guitar (　　　) my uncle bought me.
これが私のおじが買ってくれたギターです。

A. 【正解】奈良は長い歴史がある都市です。

ポイント！ 先行詞が「人以外」で，関係詞が主格→**which / that** となります

A. 【正解】これは私がきのう買ったデジタルカメラです。

ポイント！ 目的格の関係代名詞が使われています。**whom** や **which** は目的格の代名詞を兼ねています。
(1)は **This is the digital camera ＋ I bought it yesterday.** を1つの文にしたものです。

A. 【正解】**pictures**

ポイント！ 目的格の関係代名詞は，省略することができます。文の中程に注目してください。**picture** の後が **I took …** と，別の文が始まっているように見えます。この部分に目的格の関係代名詞が省略されています。

A. 【正解】**who**

ポイント！ 主格（**who**）は主語の役割ですから，次には動詞（**is**）や助動詞がきます。

A. 【正解】**who**

ポイント！「先行詞が人で動詞がきている」ので **who**（主格）が入ります。「先行詞が物で動詞がきている」ときは **which**（主格）になります。
◇**This is a book which my aunt wrote.**（これは私のおばが書いた本です）

A. 【正解】**which**

ポイント！ (1)「先行詞が物で主語＋動詞＋目的語ナシ」なので **which**（目的格）を用います。

不規則動詞活用表

● AAA 型

原形	意味	過去	過去分詞
cut	切る	cut	cut
hit	打つ	hit	hit
let	～させる	let	let
put	置く	put	put
read	読む	read[red]	read[red]
shut	閉じる	shut	shut

● ABA 型

原形	意味	過去	過去分詞
become	～になる	became	become
come	来る	came	come
run	走る	ran	run

● ABB 型

原形	意味	過去	過去分詞
bring	持ってくる	brought	brought
build	建てる	built	built
buy	買う	bought	bought
catch	つかまえる	caught	caught
feel	感じる	felt	felt
find	見つける	found	found
get	得る	got	got
have	持っている	had	had
hear	聞く	heard	heard
keep	保つ	kept	kept
leave	去る	left	left
lend	貸す	lent	lent
lose	失う	lost	lost
make	作る	made	made
meet	会う	met	met
say	言う	said	said
sell	売る	sold	sold
send	送る	sent	sent
sit	すわる	sat	sat
sleep	眠る	slept	slept
spend	立つ	spent	spent
teach	教える	taught	taught
tell	話す	told	told
think	思う	thought	thought
understand	理解する	understood	understood
win	勝つ	won	won

● ABC 型

原形	意味	過去	過去分詞
be	～である	was / were	been
begin	始める	began	begun
break	こわす	broke	broken
choose	選ぶ	chose	chosen
do	する	did	done
draw	描く	drew	drawn
drink	飲む	drank	drunk
drive	運転する	drove	driven
eat	食べる	ate	eaten
fly	飛ぶ	flew	flown
forget	忘れる	forgot	forgotten
give	与える	gave	given
go	行く	went	gone
grow	成長する	grew	grown
know	知っている	knew	known
ride	乗る	rode	ridden
rise	昇る	rose	risen
see	見える	saw	seen
show	示す	showed	shown
sing	歌う	sang	sung
speak	話す	spoke	spoken
swim	泳ぐ	swam	swum
take	取る	took	taken
throw	投げる	threw	thrown
wear	着ている	wore	worn
write	書く	wrote	written

PART 2

英文法の標準を
ドリルでチェック

◆数と量の表し方の標準 - ①

205 **Q.** 次の文の（ ）に適する語を書きましょう。

(1) **Tom got a Christmas present. It was a pair of (　　　).**
トムはクリスマスプレゼントをもらった。それは1足の靴だった。

(2) **I bought a pair of (　　　) for my child.**
私は子供のために手袋を買った。

206 **Q.** 各問いの［ ］内の指示にしたがって英単語を書きましょう

(1) **a pair of (　　　)** ［ハサミ1丁］
(2) **a pair of (　　　)** ［ジーパン1着］
(3) **a pair of (　　　)** ［メガネ1つ］
(4) **three pairs of (　　　)** ［メガネ3つ］

207 **Q.** 次の語の複数形の意味を（ ）内に書きましょう。

(1) **good**「善」 ⇒ **goods** （　　　）
(2) **arm**「腕」 ⇒ **arms** （　　　）
(3) **letter**「手紙」 ⇒ **letters** （　　　）
(4) **time**「時」 ⇒ **times** （　　　）

208 **Q.** 各問いの［ ］内の指示にしたがって英単語を書きましょう

(1) **(　) (　) (　) milk** ［ミルク1杯］
(2) **(　) (　) (　) tea** ［紅茶1杯］
(3) **(　) (　) (　) salt** ［塩1さじ］

209 **Q.** 次の文の（ ）に適する語を書きましょう。

(1) **May I have three (　　　) of beer?**
ビールを3本ください。

(2) **May I have two (　　　) of bread?**
パンを2斤ください。

210 **Q.** 次の文の（ ）に適する語を書きましょう。

(1) **a (　　　) of paper** ［紙切れ1枚］
(2) **a (　　　) of cloth** ［1枚の布］
(3) **two (　　　) of bread** ［パン2枚］
(4) **five (　　　) of sugar** ［角砂糖5個］

A. 【正解】⑴ **shoes** ⑵ **gloves**

ポイント！ **a pair of** は「一対，ひと組」という意味です。
対になっているものには，複数形を用います。
◇ **a pair of socks**「くつ下」 ◇ **a pair of (chopsticks)**「箸」

A. 【正解】⑴ **scissors** ⑵ **jeans** ⑶ **glasses** ⑷ **glasses**

ポイント！ 対応する2つの部分からなっていて 切り離せないものも **a pair of** を使います。
例えばズボンは，対応する2つの部分からできていますね。「ズボン1着」は **a pair of pants[trousers]** です。

A. 【正解】⑴ 商品 ⑵ 武器 ⑶ 文学 ⑷ 時代

ポイント！ 複数形で意味の変わる名詞です。
ほかにも次のようなものがあります。
◇ **air**「空気」⇒ **airs**「気どり」 ◇ **custom**「習慣」⇒ **customs**「税関」
◇ **work**「仕事」⇒ **works**「作品」 ◇ **cloth**「布」⇒ **cloths**「服」

A. 【正解】⑴ **a glass of** ⑵ **a cup of** ⑶ **a spoonful of**

ポイント！ 物質名詞は，容器や単位を表す語を用いて量を表します。
◇ **a piece of chalk**「チョーク1本」
◇ **a sheet of paper**「紙1枚」
◇ **two bottles of mineral water**「ミネラルウォーター2本」

A. 【正解】⑴ **bottles** ⑵ **loaves**

ポイント！ 単位を示す名詞のほうだけを複数形にします。
「2杯以上」の場合は，次のように容器を複数形にします。
⑴注文するときには "**Two beers, please**" のように **beer** を複数形にすることもあります。⑵ **loaves** は **loaf**「かたまり」の複数形です。

A. 【正解】⑴ **piece** ⑵ **sheet** ⑶ **slices** ⑷ **lumps**

ポイント！ 物質名詞は，容器や単位を表す語を用いて量を表します。
《形や単位で表すもの》
「2つ以上」の場合は，〈～数字＋形・単位の複数形＋ **of** ~〉のパターンで形・単位を複数形にします。

◆数と量の表し方の標準 - ②

211 Q. 次の文の（　）内から正しいものを選びましょう。

There were (a lot of / much) car accidents yesterday.
きのう，自動車事故がとても多かった。

212 Q. 次の文の（　）内から正しいものを選びましょう。

There is too (many / much) pepper in this soup.
このスープにはコショウが多すぎる。

213 Q. 次の文の（　）内から正しいものを選びましょう。

Do you have (any / some) plans for this weekend?
週末何か予定がありますか。

214 Q. 次の文の（　）内から正しいものを選びましょう。

That store has (many / a few) kinds of bread.
あの店には多くの種類のパンがある。

215 Q. 次の文の（　）内から正しいものを選びましょう。

There are (many / a few) international airports in this country.
この国には2，3の国際空港がある。

216 Q. 次の英文を和訳してみましょう。

(1) There is little hope of his success.
(2) There was little rain last summer.

A.　【正解】**a lot of**

> ポイント！　〈**a lot of** ＋複数名詞〉のパターン。**a lot of** は「たくさんの〜」という意味です。**much** の後ろには数えられない名詞が置かれます。数や量を表す形容詞を数量形容詞と言います。

A.　【正解】**much**

> ポイント！　〈**much** ＋不可算名詞〉のパターン。**many** は「数」を表すので，後ろには複数名詞がきます。**much** は量に関して用います。
> **much** ／ **a lot of** は「たくさんの，多量の」という意味ですが，**too a lot of** とはいいません。

A.　【正解】**any**

> ポイント！　**some** ／ **any** は「いくつかの」という意味ですが，疑問文ではふつう **some** ではなく **any** を使います。

A.　【正解】**many**

> ポイント！　**many** は「多くの」，**a few** は「少数の」です。数に関して用います。
> **many kinds of bread** で「多くの種類のパン」という意味になります。

A.　【正解】**a few**

> ポイント！　**a few**「少しはある」。**a** のつかない **few** は「ほとんどない」という意味です。
> ◇ **Few people came to the concert.**「コンサートにはほとんど人は来なかった」

A.　【正解】(1) 彼の成功の見込みはほとんどない。
　　　　　　(2) 去年の夏はほとんど雨が降らなかった。

> ポイント！　**little** は「ほとんどない」という否定の意味を表し，量に関して用います。

◆不定代名詞の標準 - ①

217 **Q.** 次の英文の（　）に it か one を入れてみましょう。

(1) **Do you like an apple?**
　リンゴが好きですか。
(2) **Yes, I like (　　).**
　はい，好きです。

218 **Q.** 次の英文の（　）に it か one を入れてみましょう。

(1) **Do you like the apple?**
　そのリンゴは好きですか。
(2) **Yes, I like (　).**
　はい，好きです。

219 **Q.** 次の英文の（　）に it, one, ones のどれが入りますか。

(1) **Do you have a pen?　　Yes, I have (　　　).**
(2) **Do you have two pens?　Yes, I have (　　　).**
(3) **Do you have the pen?　　Yes, I have (　).**

220 **Q.** 次の英文の（　）に it か one を入れてみましょう。

(1) **(　　) will be cold tomorrow morning.**
　明朝は寒くなるよ。
(2) **I lost my watch. I must buy (　　).**
　時計をなくしてしまった。買わなくてはいけないな。

221 **Q.** 次の英文の（　）に it か one を入れてみましょう。

(1) **I have a guitar. Do you have (　)?**
　私はギターを持っています。あなたは持っていますか。
(2) **(　) is impossible for us to live without water.**
　水がないと私たちは生きていけない。

222 **Q.** 次の英文の（　）に it か one を入れてみましょう。

(1) **Do you want this computer?**
　君はこのコンピュータがほしいかい。
(2) **Yes, I want (　).**
　うん，このそれがほしいね。

84

A.【正解】(2) **one**

 ポイント！ 一般的などこにでもある不特定のリンゴ1個は **an apple** となります。そして，その代わりに使う代名詞は **one**。

A.【正解】(2) **it**

 ポイント！ ある特定の「その〜」を表すときは〈**the** ＋名詞〉となり，それの代わりに使う代名詞は **it** となります。実は，話し手の互いの頭の中に共通・特定のものが1つ浮かんでいて，暗黙のうちに「例の〜あれ」を指しているときは **it** です。

A.【正解】(1) **one**　(2) **ones**　(3) **it**

 ポイント！ **one** は不特定のもの（前に出た名詞と同種のもの）を指します。(2)不特定の名詞が複数のときは **ones** で受けます。

A.【正解】(1) **It**　(2) **one**

 ポイント！ (1)は季節や天候などを表現するときに使う **It** です。
◇ **tomorrow morning**「明朝」
◇ **tomorrow evening**「明晩」
(2) **one** ＝ **a watch** です。

A.【正解】(1) **one**（＝ **a guitar**）　(2) **It**

 ポイント！ (1) **it** と **one** のちがいの確認。**it** は特定なものを指します。**one** は不特定のものを指しますね。
(2) **It is impossible for ... to ～ .**「…にとって〜することは不可能だ」のパターンです。

A.【正解】(2) **it**

 ポイント！ 「この」と特定のコンピュータを指していますから，**it** を使って表します。**it** は **this computer** と同一です。

◆不定代名詞の標準 - ②

223 **Q.** 次の英文の（ ）に it か one を入れてみましょう。

(1) **Do you want an iPhone?**
君は iPhone がほしいかい。

(2) **Yes, I want (　　　).**
うん，iPhone ほしいね。

224 **Q.** 次の文の（ ）に適する語を書きましょう。

(1) **Here are three balls.**
ここにボールが 3 つあります。

(2) **(　　) is white and (　　) (　　) are black.**
1 つは白で残りは黒です。

225 **Q.** 次の文の（ ）に適する語を書きましょう。

(1) **Please show me (　　　　).**
ほかのを 1 つ見せてください。

(2) **There is (　　) bus at 12:30.**
12 時 30 分に別のバスがありますよ。

226 **Q.** 次の文の（ ）に適する語を書きましょう。

Please show me the (　　　　).
残りの 1 つを見せてください。

227 **Q.** 次の文の（ ）に適する語を書きましょう。

Please show me the (　　　　).
残りを全部見せてください。

228 **Q.** 次の文の（ ）に適する語を書きましょう。

I lost two bags. I found one bag, but I still can't find (　　) (　　　).
私は 2 個のカバンをなくしました。1 個はありましたが，まだ他の荷物が見つかりません。

A. 【正解】(2) **one**

ポイント！ 特定の **iPhone** ではないので，不定代名詞の **one** を使って言います。
one は **an iPhone** と 同種です。

A. 【正解】(2) **One, the, others**

ポイント！ **one, another, the other, the others, others** などの不定代名詞の使い分けはなかなかむずかしいですね。ここで使われている **the others** は，「1つをとりのぞいた残りの2つ」ということです。

A. 【正解】(1) **another** (2) **another**

ポイント！ いくつかあるもののうちの別のもう1つを見たい時。
another = **an** + **other** ですから，「不特定のもう1つのもの」となります。

A. 【正解】**other**

ポイント！ 例えば，2つ以上の帽子のうちの最後の1つを見たい時。
other に「特定のもの」を表す **the** を付けて **the other** を用います。
◇ **the other** で「（特定の2つ以上のうちの）残りの1つ」という意味になります。

A. 【正解】**others**

ポイント！ 3つ以上の帽子の残りすべて（2つ以上）を見たい時。
2つ以上ですから，**others** を使い，残り全部ですから **the** を付けます。

A. 【正解】**the, other**

ポイント！ 2個のカバンのうちの残りの1つ。
「残りの1つ」は **the other** ですね。
other は単独で使われることはありません。
◇ **Please show me the other.**（残りの1つを見せてください）

◆不定代名詞の標準 - ③

229 **Q.** 次の文の（　）に適する語を書きましょう。

I have four cats. One is white and (　　) (　　　　) are black.
猫を4匹飼っています。1匹は白色で，残りの3匹は黒色です。

230 **Q.** 次の文の（　）に適する語を書きましょう。

(1) There are (　　　　) people at the station.
駅にはたくさんの人がいます。

(2) There were (　) (　　) (　) people at the party.
そのパーティには人がたくさんいました。

231 **Q.** 次の文の（　）に適する語を書きましょう。

(1) He has (　) (　　　) friends.
彼には2，3人（少数）の友人がいます。

(2) There is (　) (　　　) water in the glass.
コップに少量の水があります。

232 **Q.** 次の英文の（　）内から正しいものを選びましょう。

(1) (Few / Little) travelers come to this town.
この町に来る旅行者はほとんどいない。

(2) There was (few / little) rain last summer.
去年の夏はほとんど雨が降らなかった。

233 **Q.** (1), (2)の英文の（　）内に適する共通の語を入れましょう。

(1) I want (　　　　) books.
わたしは本が欲しい。

(2) I have (　　　　) money with me.
わたしはいくらかお金を持っている。

234 **Q.** (1), (2)の英文の（　）内に適する共通の語を入れましょう。

(1) I don't have (　　　) baggage to check.
わたしは預ける手荷物はありません。

(2) Do you have (　　　) questions about this?
この件について何か質問はありますか。

A. 【正解】**the, others**

> **ポイント！** 猫4匹のうちの1匹は白色。残り全部の3匹は黒色。
> 「残り全部」は **the others** ですね。
> ◇ **Please show me the others.**（ほかの残りのすべてを見せてください）

A. 【正解】(1) **many** (2) **a, lot, of,**

> **ポイント！** **a lot of** は数・量の両方に用いることができます。
> 【数】**many / a lot of**（たくさんの，多数の）
> 【量】**much / a lot of**（たくさんの，多量の）

A. 【正解】(1) **a, few** (2) **a, little**

> **ポイント！**「少しの」
> 【数】**a few**（少しある）
> 【量】**a little**（少しある）

A. 【正解】(1) **Few** (2) **little**

> **ポイント！**「ほとんどない」
> 【数】**few**（ほとんどない）
> 【量】**little**（ほとんどない）

A. 【正解】(1) **some** (2) **some**

> **ポイント！**「いくらかの～」
> 数量を表す **some** と **any** は数にも量にも使える形容詞です。
> (1) **some** ＋複数 「いくつかの～」 / (2) **some** ＋不可算名詞 「いくらかの～」 / ◇ **some** ＋可算名詞「ある～／何か～」

A. 【正解】(1) **any** (2) **any**

> **ポイント！** 否定文や疑問文では，ふつう **some** は **any** にします。
> (1) I have　　　some　baggage to check.
> 　　　　　　↓否定文にすると
> 　 I don't have　(any)　baggage to check.

◆文型の標準 - ①

235 **Q.** 次の文の（　）に適する語を書きましょう。

(1) I (　　　).　　　私は歩きます。
(2) She (　　　).　　彼女は編み物をします。
(3) You (　　　) well.　あなたは歌がうまいですね。

236 **Q.** 次の英文を日本語にしましょう。

(1) He came home at eight yesterday.
(2) My mother jogs every morning.

237 **Q.** 次の英文を日本語にしましょう。

(1) The signal turned green.
(2) Mother looks young for her age.

238 **Q.** 次の文の（　）に適する語を書きましょう。

Sumo (　) a Japanese national sport.
相撲は日本の国技です。

239 **Q.** 次の文の（　）に適する語を書きましょう。

(1) She (　　　　) young.
彼女は若く見えた。
(2) She (　　　　) happy today.
彼女は今日幸せそうだ。

240 **Q.** 次の文の（　）に適する語を書きましょう。

(1) She (　　　) well again.
彼女は再び元気になった。
(2) The leaves (　　　　) yellow.
木の葉は黄色に変わった。

A.【正解】(1) walk　(2) knits　(3) sing

ポイント！【第1文型】主語＋動詞「～は～する」だけで完成する文。「主語＋動詞」の組み立てだけで，主語が何をするのかがわかる文です。そのために，日本語で考えても文意がそれだけで伝えられる表現（意味が完全になる表現）であることが条件です。

A.【正解】(1) 彼はきのう8時に家に帰りました。
(2) 私の母は毎朝ジョギングします。

ポイント！【第1文型】home や everymorning は修飾語です。補語も目的語もとらないで，主語と動詞だけで，完全な意味を表現できる文型です。

A.【正解】(1) 信号は青に変わった。　(2) 母は年のわりには若く見える。

ポイント！【第2文型】
主語＋動詞＋補語「～は～です」「～は～になる」
(1) be 動詞が等号（＝）の役割をしています。
(2) become, get, look, sound なども第2文型を作っています。

A.【正解】is

ポイント！Sumo = the Japanese national sport. の関係になっています。第2文型では，動詞の後ろに名詞や形容詞を置いて作る文「AはBです」とか「AはBになる」など，主語の状態を説明する補語が必要な文型です。

A.【正解】(1) looked　(2) seems

ポイント！［第2文型に用いられる動詞］look / appear「…（であるよう）に見える」/ seem「…（であるよう）に思われる」
keep / stay / remain「～のままである」も第2文型で用いられます。

A.【正解】(1) got　(2) turned

ポイント！［第2文型に用いられる動詞］become / get / go / grow「…になる」/ turn「…に変わる」

◆文型の標準 - ②

241 Q. 次の文の（　）に適する語を書きましょう。

(1) **This cloth (　　　) smooth.**
この布は手触りがなめらかだ。

(2) **These flowers (　　　) sweet.**
これらの花はよい香りがする。

242 Q. 次の文の（　）に適する語を書きましょう。

(1) **The girl (　　　) a famous musician.**
その少女は有名な音楽家になった。

(2) **This orange (　　　) sour.**
このみかんはすっぱい味がする。

243 Q. 日本文にあうように（　）内の語を正しく並べかえましょう。

(1) **I (a book / gave / him).**
私は彼に本をあげた。

(1) **He (a cotton / sweater / bought / me).**
彼は私に綿のセーターを買ってくれた。

244 Q. 日本文にあうように（　）内の語を正しく並べかえましょう。

Mother (cake / makes / us / a / sometimes).
母はときどき, 私たちにケーキを作ってくれる。

245 Q. 次の文の（　）に適する語を書きましょう。

(1) **(　　　)** ＋ 人に ＋ ものを → 「…を与える」
(2) **(　　　)** ＋ 人に ＋ ものを → 「…を持ってくる」
(3) **(　　　)** ＋ 人に ＋ ものを → 「…を買ってあげる」
(4) **(　　　)** ＋ 人に ＋ ものを → 「…を料理する」

246 Q. 次の文の（　）に適する語を書きましょう。

(1) **(　　　)** ＋ 人に ＋ ものを → 「…を渡す」
(2) **(　　　)** ＋ 人に ＋ ものを → 「…を教える」
(3) **(　　　)** ＋ 人に ＋ ものを → 「…を送る」
(4) **(　　　)** ＋ 人に ＋ ものを → 「…を作ってあげる」

A. 【正解】(1) **feels** (2) **smell**

ポイント！ ［第2文型に用いられる動詞］feel「気分［手触り］が…である」 smell「においが…である」 sound「…（であるよう）に聞こえる」

A. 【正解】(1) **became** (2) **tastes**

ポイント！
(1) **The girl**（何になったかというと）→ **a famous musician.**
(2) **This orange**（どんな味かというと）→ **sour.**
taste は「(味が) …である」という意味です。

A. 【正解】(1) **gave him a book** (2) **bought me a cotton sweater**

ポイント！ 第4文型は「人に物を…する」と覚えます。give，buy などに目的語が2つ続く文型。このパターンは，「彼に 本を」のように，「人が前で，物が後」ですから，「人に物を…する」と覚えておきましょう。

A. 【正解】**sometimes makes us a cake**

ポイント！ 〈何が（**Mother**）＋どうする（**makes**）＋ 誰に（**us**）＋ 何を（**a cake**）〉は第4文型です。

A. 【正解】(1) **give** (2) **bring** (3) **buy** (4) **cook**

ポイント！ 第4文型を形成する主な動詞です。

A. 【正解】(1) **pass** (2) **teach** (3) **send** (4) **make**

ポイント！ 第4文型を形成する主な動詞です。

◆文型の標準 - ③

247 **Q.** (　) に適語を入れ(1)の文を(2)の第 3 文型の形に書きかえましょう。

(1) **I gave him a book.**
(2) **I gave a book (　) him .**

248 **Q.** 次の英文を第 3 文型（SVO）の形に書きかえましょう。

He bought me a cotton sweater.
彼は私に綿のセーターを買ってくれた。

249 **Q.** 日本文にあうように（　）内の語を正しく並べかえましょう

Emi (Tommy / named / her cat) .
エミは彼女のネコにトミーと名づけた。

250 **Q.** 日本文にあうように（　）内の語を正しく並べかえましょう

We should (our classroom / keep / clean).
教室をきれいにしておかなければいけない。

251 **Q.** 日本文にあうように（　）内の語を正しく並べかえましょう

He (open / left / the door) all through the night.
彼は夜通しドアを開けておいた。

252 **Q.** 次の英文を日本語にしましょう。

(1) **She made me a cake.**
(2) **She made her son a pianist.**

A. 【正解】(2) I gave a book (to) him .

> **ポイント！** 目的語を2つとる第4文型の文は，**SVO**の形に書き換えられます。動詞によって **to** か **for** をつけます。
> **to** を使う動詞：**give, tell, show, lend, teach, send** など。
> **for** を使う動詞：**make, buy, choose** など

A. 【正解】He bought a cotton sweater for me.

> **ポイント！** **SVOO** の文を **SVO** の文に書きかえるには，**SVOO** の〈O（人）＋O（物）〉を〈物＋**to[for]**＋人〉の語順にします。

A. 【正解】named her cat Tommy

> **ポイント！** 目的語のほかに補語のある文型＝第5文型
> 「彼女のネコ」と「トミー」は同一です。つまり〈O＝C〉の関係が成立します。CはOを説明していますから O＝C の関係です。**name A B** で「AにBと名づける」という意味です。

A. 【正解】keep our classroom clean

> **ポイント！** 「**our classroom** を **clean** にしておく」ということですから，〈**our classroom** ＝ **clean**〉が成立します。
> つまり〈O＝C〉の関係が成立します。

A. 【正解】left the door open

> **ポイント！** この文でも〈C〉が〈O〉の状態を説明していますね。
> ［第5文型に使われる動詞］**call**「…と呼ぶ」 **think**「…と思う」 **believe**「…であると信じる」 **find**「…とわかる」 **make**「…にする」など。

A. 【正解】(1) 彼女は私にケーキを作ってくれた。 (2) 彼女は息子をピアニストにした。

> **ポイント！** **make** には「作る」と「…にする」の意味があります。用いられる文型によって，どちらかの意味になります。(1)は **O1 + O2 = me + a cake** ですから，**SVOO** の第4文型。
> (2)は O＝C（**a pianist**）ですから，**SVOC** の第5文型。

◆文型の標準 - ④

253 **Q.** 次の文は5文型のどれにあたるか書きましょう。

(1) The news made us sad.
(2) I feel happy to see you again.

254 **Q.** 次の文は5文型のどれにあたるか書きましょう。

(1) She lent me these CDs.
(2) He likes football.

255 **Q.** 次の英文の意味の違いに注意して，日本語になおしましょう。

(1) Mather made some cookies.
(2) Mather made her daughter some cookies.
(3) Mather made me happy.

256 **Q.** 次の英文の（　）内の語を正しく並べかえましょう

He (Tom / called / by / the child / is).
彼はその子にトムと呼ばれている。

257 **Q.** 次の英文の（　）内の語を正しく並べかえましょう

This book (by children / is read / the world / all / over).
この本は世界中で子供たちに読まれている。

258 **Q.** 次の英文の（　）内の語を正しく並べかえましょう

千羽鶴の折り方を私に見せてくれますか。
Can you (make / how / show / me / sembazuru / you).

A. 【正解】(1) 第5文型　(2) 第2文型

ポイント！ (1)その知らせを聞いて私たちは悲しくなった。(主語＋動詞＋目的語＋補語)
(2)私はあなたにまたお会いできてうれしいです。(主語＋動詞＋補語)

A. 【正解】(1) 第4文型　(2) 第3文型

ポイント！ (1)彼女はそれらのＣＤを貸してくれた。(主語＋動詞＋目的語＋目的語)
(2) 彼はサッカーが好きです。(主語＋動詞＋目的語)

A. 【正解】(1) 母はクッキーを作った。
(2) 母は娘にクッキーを作ってやった。
(3) 母は私を幸せにした。

ポイント！ (1)主語＋動詞＋目的語　(2) 主語＋動詞＋目的語＋目的語
(3)主語＋動詞＋目的語＋補語

A. 【正解】is called Tom by the child

ポイント！ 第5文型の受動態。Tom が補語であることに注意。能動態に書きかえると，The child calls him Tom. となります。

A. 【正解】is read by children all over the world

ポイント！ 第5文型の受動態。

This book	is read	by children	all over the world.
この本は	読まれている	子供たちに	世界中で

A. 【正解】show me how you make sembazuru

ポイント！ 第4文型の受動態。

show	me	how you make sembazuru
見せて	私に	どのようにあなたが千羽鶴を折るか

◆前置詞の標準 - ①

259 Q. (1), (2)の英文の（ ）内に適する共通の語を入れましょう。

(1) **Look at the picture (　) the wall.**
壁に掛かっている柄を見なさい。

(2) **There was a beautiful painting (　) the ceiling.**
天井に美しい絵があった。

260 Q. 次の英文の（ ）内に適切な語を入れましょう。

(1) **It's (　) the second shelf (　) the (　).**
上から2段目の棚にあります。

(2) **It's (　) the second shelf (　) the (　).**
下から2段目の棚にあります。

261 Q. 次の英文の（ ）内に適切な語を入れましょう。

(1) **Be sure to come back (　) six.**
必ず6時までには帰りなさい。

(2) **I'll wait here (　) six.**
私はここで6時まで待つわ。

262 Q. 次の英文の（ ）内に適切な語を入れましょう。

(1) **This ticket is good (　) three days.**
この切符は3日間有効です。

(2) **I worked at the resort (　) the summer vacation.**
私は夏休み中ずっとその行楽地で働いた。

263 Q. 次の英文の（ ）内に適切な語を入れましょう。

(1) **He went (　) (　) the room.**
彼は部屋の外へ出て行った。

(2) **The boy jumped (　) the pool.**
その少年はプールの中へ跳び込んだ。

264 Q. 次の英文の（ ）内に適切な語を入れましょう。

(1) **There are many trees (　) the park.**
公園のまわりには多くの木があります。

(2) **The moon goes (　) the earth.**
月は地球のまわりを回っている。

A.【正解】(1) **on**　(2) **on**

ポイント！ **on** はもともと「あるものにくっついて」という意味。ですから，壁に掛かっているのも，天井にあるのも，**on** を用います。
(2)天井でも接しているから **on** ですね。

A.【正解】(1) **on, from, top**　(2) **on, from, bottom**

ポイント！ 上からは **from the top**，下からは **from the bottom**。
「2段目の棚にある」，つまり「2段目の棚の上にある」ということですから，**on** を使います。また，「～段目」というときには，"～"に序数が入ります。「3段目の棚」なら **the third shelf** です。

A.【正解】(1) **by**　(2) **till**

ポイント！ **by** と **till** の区別は，**till** を「…までずっと」と覚えるといいでしょう。「…までに」は **by** を，「…まで」は **till** を使いますが，**till** は「…まで（ずっと）」と覚えるようにすれば使いこなすことができますね。

A.【正解】(1) **for**　(2) **during**

ポイント！ **for**「…の間」は，通例，数を伴う不特定の期間を表します。**during** は，「特定の期間中（ずっと）」というときに使います。
「…の間」の前置詞のちがいに注意しましょう。

A.【正解】(1) **out, of**　(2) **into**

ポイント！ 〈**out of** ＋場所〉「～の中から，～の外で（に）」 **out of the room**「部屋の中から，部屋の外（に）」〈**into** ＋場所〉「…の中へ」**into the pool**「プールの中へ」
(2) **jumped** は，**jump**「跳ぶ」の過去形。

A.【正解】(1) **around**　(2) **round**

ポイント！ 〈**around** ＋場所〉「…のまわりに」。**around** は，あるものの周囲に「静止した状態で存在している」という意味を表します。
〈**round** ＋ 場所〉「…のまわりを（で）」。**round** は，あるものの周囲を「運動している」ことを表します。

◆前置詞の標準 - ②

265 Q. 次の英文の（ ）内に適切な語を入れましょう。

(1) **I played golf (　　) my friends.**
友人たちとゴルフをしました。

(2) **He cut a watermelon (　　) a knife.**
彼はナイフでスイカを切りました。

266 Q. 次の英文の（ ）内に適切な語を入れましょう。

(1) **Please divide these apples (　　) you two.**
どうぞ，あなたたち2人でこれらのりんごを分けてください。

(2) **Please sit between Mr. Tanaka (　　) Mrs. Brown.**
田中氏とブラウン夫人の間にお座りください。

267 Q. 次の英文の（ ）内に適切な語を入れましょう。

There is a lake (　　) the trees.
木々の間に湖があります。

268 Q. 次の英文の（ ）内に適切な語を入れましょう。

I got a swimsuit (　　) a hundred dollars.
私は100ドルで（女性用）水着を買いました。

269 Q. 次の英文の（ ）内に適切な語を入れましょう。

(1) **I am (　　) you.**
あなたに賛成です。

(2) **I'll go (　　) you.**
あなたのために（代わりに）行きます。

270 Q. 次の文が文法的に正しければ○，誤りなら×をつけましょう。

(1) **During his stay in Japan, he visited Kyoto.**
(2) **We went to Australia while the winter vacation.**

A. 【正解】(1) with　(2) with

ポイント！　◇〈with ＋人間〉「…といっしょに」（例）with my friends「友たちといっしょに」
◇〈with ＋道具〉「…を使って」
◇ with a knife「ナイフで」

A. 【正解】(1) between　(2) and

ポイント！　〈between ＋ 2つ〉「…の間に」。between you two「あなたたち 2 人の間で」between は後に「2 人・2 個」を表すものがきます。〈between A and B〉のパターンもよくとり，「A と B の間で（に）」の意味になります。

A. 【正解】among

ポイント！　〈among ＋ 2つ以上〉「…の間に」。
among the trees「木々の間に」。among の後の the trees には「何本の木」か明示されていませんが，暗に「少なくとも 3 本以上」を表しています。

A. 【正解】for

ポイント！　〈for ＋価格〉「…（円，ドル）で」。
for a hundred dollars は「100 ドルで」。got は get の過去形で,「買った」という意味でも使えます。

A. 【正解】(1) for　(2) for

ポイント！　(1)〈for ＋事物・人〉「…に賛成で，…のために」。
for you で「あなたに賛成で，あなたのために」という意味になります。「…に反対です」なら against を使います。

A. 【正解】(1) ○　(2) ×

ポイント！　during は前置詞ですが，while「～する間に」は接続詞なので文が続きます。
(1)「日本に滞在している間に，彼は京都に行った」
(2)「冬休みの間にオーストラリアに行った」

◆前置詞・接続詞の標準

271 **Q.** 次の英文の（　）に，適当な語を選びましょう。

I studied English (for / during) three hours yesterday.
きのう3時間英語を勉強しました。

272 **Q.** 次の文の（　）に適する語を書きましょう。

She was green (　　) horror last night.
彼女は昨夜，恐怖で顔が青ざめていた。

273 **Q.** 次の英文の（　）に，適当な語を選びましょう。

(1) He will be back (by / till) nine.
彼は9時までにもどる。

(2) School begins (from / at) 8:30.
授業は8時半に始まる。

274 **Q.** 次の英文の（　）に，適当な語を選びましょう。

(1) I go to church (on / in) Sunday.
私は日曜日に教会に行きます。

(2) There was a war (among / between) the two countries.
その2国間には戦争があった。

275 **Q.** 次の英文の（　）に，適当な語を選びましょう。

(1) We talked about his family (　　) his hobbies.
私たちは彼の家族と彼の趣味について話した。

(2) I had bread (　　) milk for lunch.
私は昼食にパンと牛乳をとりました。

276 **Q.** 次の英文の（　）に，適当な語を選びましょう。

(1) It was warm (　　) sunny yesterday.
きのうは暖かくて晴れていた。

(2) We swam in the lake (　　) had a good time.
私たちは湖で泳ぎ，楽しく過ごした。

A. 【正解】**for**

> ポイント！ **three hours** という不特定の期間なので，**for** を使います。

A. 【正解】**with**

> ポイント！ 「〜で」の前置詞のちがい：**by car**「車で」/ **in ink**「インクで」/ **on foot**「徒歩で」/ **with horror**「恐怖で」
> **with** は「…とともに」のほかに，「…を用いて」，「（原因・理由など）で」など，いろいろな使われ方をします。

A. 【正解】(1) **by**　(2) **at**

> ポイント！ (1)「9時までに」(2)時刻の **at**
> **from** は「…からずっと」の意味なので，「8時半からずっと始まる」という意味になってしまいます。

A. 【正解】(1) **on**　(2) **between**

> ポイント！ (1) **Sunday** があるので曜日の **on** を使います。
> (2)「2つのものの間」は **between**。

A. 【正解】(1) **and**　(2) **and**

> ポイント！ 文中の語と語，句と句，節（文）と節を結びつけるはたらきをしているのが接続詞です。語と語が接続詞によって結ばれるときは，両語とも同じ品詞です必要があります。

A. 【正解】(1) **and**　(2) **and**

> ポイント！(1) It was warm (and) sunny yesterday. → It was warm ＋ It was sunny yesterday.
> (2) We swam in the lake (and) had a good time. → We swam in the lake ＋ We had a good time.

◆接続詞の標準 - ①

277 **Q.** 日本文にあうように（　）内の語を正しく並べかえましょう。

(1) (　　) my brother (　　) I were born in January.
弟と私は2人とも1月に生まれた。

(2) He fell down (　　) hurt his knee.
彼は転んで，ひざを痛めた。

278 **Q.** 日本文にあうように（　）内の語を正しく並べかえましょう。

(1) I have (cat / a / black / and / white).
私は黒と白色（黒色ぶち）のネコを飼っています。

(2) I have (cat / a / a / black / and / white).
私は黒いネコと白いネコを飼っています。

279 **Q.** 次の文の（　）に適する語を書きましょう。

Our team was good, (　　) the other team was better.
私たちのチームは良かったが，相手のチームはもっと良かった。

280 **Q.** 次の文の（　）に適する語を書きましょう。

(　) (　　) apples (　) (　　) pears are good for your health.
りんごだけでなく，なしも健康に良い。

281 **Q.** 次の文の（　）に適する語を書きましょう。

(1) We will need a new pot sooner (　) later.
遅かれ早かれ，新しい深鍋が必要になるでしょう。

(2) Trees cannot grow without water (　) light.
木は水や光がないと育たない。

282 **Q.** 次の文の（　）に適する語を書きましょう。

(1) Take this medicine, (　　) you will feel much better.
(2) Give up smoking, (　　) you will get sick.

A. 【正解】(1) **Both, and**　(2) **and**

ポイント！ 〈**both ~ and ...**〉「…も〜も（両方とも）」という意味。**both my brother and I** がひとかたまりで複数扱いの主語になるので，**be** 動詞は **were** になっています。

A. 【正解】(1) **a black and white cat**　(2) **a black and a white cat**

ポイント！ (1)この表現では形容詞の **black** と **white** が **and** で結ばれています。(2) **and** を中心に左右に **a** がついています。冠詞の **a** や **an** は形容詞のためにあるのではなく，名詞につくものです。つまり，**I have a black cat and a white cat.** です。

A. 【正解】**but**

ポイント！ **but**「しかし」
the other team は「相手のチーム」。**the other** ですから，「（特定の2つ以上のうちの）残りの1つ」ですから，「相手の」の意味になりますね。

A. 【正解】(1) **Not, only , but, also**

ポイント！ 〈**Not only A but also B**〉「Aだけでなく，Bも」。
Apples are good for your health. と **Pears are good for your health.** をまとめて示しているわけですね。

A. 【正解】(1) **or**　(2) **or**

ポイント！ **or**「あるいは，または」
(1) **sooner or later**「遅かれ早かれ」
(2) **without water or light**「水や光がないと」

A. 【正解】(1) **and**　(2) **or**

ポイント！ (1)「そうすれば」は **and**。(2)「さもないと」は **or**。
(1)この薬をのみなさい。そうすればずっとよくなるでしょう。
(2)禁煙しなさい，さもないと病気になるよ。

◆接続詞の標準 - ②

283 **Q.** 次の文の（　）に適する語を書きましょう。

(1) Go right now, (　　) you will catch the bus.
(2) Hurry up, (　　) you will miss the last bus.

284 **Q.** 次の文の（　）に適する語を書きましょう。

You'd better not tell him, (　　) he is free in his speech.
彼には話さないほうがいい。というのは口が軽いんだよ。

285 **Q.** 次の文の（　）に適する語を書きましょう。

I didn't go to the office yesterday, (　　) I was sick in bed.

286 **Q.** 次の文の（　）に適する語を書きましょう。

Next Saturday is a holiday, (　　) let's go on a trip to Kyoto.

287 **Q.** 次の文の（　）に適する語を書きましょう。

I felt cold, (　　) I didn't go to school.

288 **Q.** 次の文の（　）に適する語を書きましょう。

(1) She's amiable, (　　) she's loved by everybody.
(2) He is a just man, (　　) I believe in him.

A. 【正解】(1) **and**　(2) **or**

> ポイント！ (1)「そうすれば」は **and**　(2)「さもないと」は **or**。
> (1)今すぐ行きなさい，そうすれば，バスに間にあうでしょう。
> (2)急ぎなさい，さもないと，最終バスに乗り遅れるよ。

A. 【正解】**for**

> ポイント！ **for**「なぜなら，というのは」
> 接続詞としての **for** は，ちょっとした「理由」をつけ足すときにとても便利です。

A. 【正解】**for**

> ポイント！ **for**「なぜなら，というのは」
> (訳) 昨日は会社（事務所）へ行きませんでした。というのは病気で寝ていたからです。

A. 【正解】**so**

> ポイント！ **so**「そこで，それで」
> (訳) 今度の土曜日は祝日だから，京都へ旅行に出かけよう。

A. 【正解】**so**

> ポイント！ **so**「そこで，それで」
> (訳) 私は寒気がしたので，学校へ行かなかった。

A. 【正解】(1) **so**　(2) **so**

> ポイント！ 次の意味から，**so** が入ります。
> (1)「彼女は温厚ですから，みんなに愛されていますよ」
> (2)「彼は公明正大な人物ですから，信用しています」

◆接続詞の標準 - ③

289 **Q.** 次の文の（　）に適する語を書きましょう。

(1) **She is tall (　　) thin.**
彼女は背が高いがやせている。

(2) **My sister is a nurse, (　　) I am a student.**
姉は看護師ですが，私は学生です。

290 **Q.** 次の英文を日本語にしましょう。

I was very tired, so I went to bed earlier.

291 **Q.** 次の日本文に合う従位接続詞を [　] 内から選びましょう。

(1) ～のとき　　　　(2) ～ということを
(3) もし ～なら　　　(4) ～だけれども

[that / though / if / when]

292 **Q.** 次の文の（　）に適する語を書きましょう。

I lived in Yokohama (　　) I was a child.
私は子供のとき，横浜に住んでいました。

293 **Q.** 次の文の（　）に適する語を書きましょう。

(　　) I was a college student, I would often go skiing.
大学生のとき（頃），よくスキーに行ったものです。

294 **Q.** 次の文の（　）に適する語を書きましょう。

I know (　　) Miss Yoshida is smart.
私は吉田さんが頭の回転がはやいことを知っています。

A. 【正解】(1) **but** (2) **and**

> **ポイント!** **thin** は「ガリガリにやせている」ということで，あまりいい意味ではありません。すっきりとぜい肉がないときには **slim** を使います。
> (2)この表現では，**and** が節（文）と節を結んでいます。

A. 【正解】私はとても疲れていました。それで（いつもより）早目に寝ました。

> **ポイント!** **went to bed earlier**「いつもより早めに寝た」

A. 【正解】(1) **when** (2) **that** (3) **if** (4) **though**

> **ポイント!** 従位接続詞の主なものをまずチェックしておきましょう。
> これら以外にも **as**「～している時，～しながら」があります。

A. 【正解】**when**

> **ポイント!** 従位接続詞は，節（文）と節とを結びつけます。
> 「私は子供であった」「私は横浜に住んでいた」という2つの文からできています。この2文を意味が通るように結びつけているのが「～のとき」という言葉。この言葉を英語に直すと **when** です。

A. 【正解】**As / When**

> **ポイント!** 「大学生のとき（頃），よくスキーに行ったものです」という意味。**I would often go skiing** の **would often** は，「（以前に，むかし）よく～したものだ」と過去を思い出すときに使います。

A. 【正解】**that**

> **ポイント!** 接続詞としての **that** の用法は重要です。
> 次のパターンを十分に頭に入れてください。
> 〈主語＋動詞＋**that**＋従文〉→ **I know that he is a student.**「私は知っている＋ことを＋彼が学生である」

◆接続詞の標準 - ④

295 **Q.** 次の文の（　）に適する語を書きましょう。

I know that he (　　) a student.

私は彼が学生だったことを知っている。

296 **Q.** 次の文の（　）に適する語を書きましょう。

I knew that he (　　) a student.

私は彼が学生であることを知っていた。

297 **Q.** 次の文の（　）に適する語を書きましょう。

I knew that he (　　) (　　) a student.

私は彼が学生だったことを知っていた。

298 **Q.** 次の文の（　）に適する語を書きましょう。

(　) you work hard, your dream (　　) come true some day.

君が一生懸命にやるなら，君の夢はいつか実現するよ。

299 **Q.** 次の文の（　）に適する語を書きましょう。

(1) (　　　　　) I was sleepy, I drove the car all the way.
(2) (　　　　　) she faced difficulty, don't get away.

300 **Q.** 次の文を等位接続詞の but を用いて書き直しましょう。

Though I was sleepy, I drove the car all the way.

A. 【正解】was

ポイント! つまり，know「知っている」内容を表す従文に「彼が学生である」(現在形)と「彼が学生であった」(過去形)がきているわけです。

A. 【正解】was

ポイント! (英語) he <u>was</u> a student. (日本語) 彼が学生である。
これは，日英の時の表現方法に違いがありますために起こったことです。英語では主文の動詞が **knew** のように過去形になると **that** 以下の従文の動詞も自動的に過去形にそろえられます。

A. 【正解】had, been

ポイント! さらに，従文の内容がもともと過去だったときは，さらにもう一歩古い過去形(大過去)になり，⟨**had been**⟩のパターンになります。

A. 【正解】If, will

ポイント! work は，「はたらく」という意味だが，学生なら「勉強する」と考えます。come true は「実現する」，some day は「いつか」です。接続詞 if は「もし〜なら」の意味で「条件・仮定」を表すときに使います。

A. 【正解】(1) Though / Although　(2) Though / Although

ポイント! though / although は「…だけれども」と逆接の意味を表す接続詞です。
(1)私は眠かったが，ずっと車を運転した。
(2)彼女は困難に直面したが逃げ出さなかった。

A. 【正解】I was sleepy, but I drove the car all the way.

ポイント! 等位接続詞の but も逆接の意味をもちますので，このように言うこともできます。なお，sleepy とは「眠い」という意味を表す形容詞です。このように，形容詞も名詞と同様に主語の状態を説明する表現で多用されます。

◆比較の標準 - ①

301 **Q.** 次の文の（　）に適する語を書きましょう。

(1) I am (　　　) (　　　) she.
私は彼女より背が高いです。

(2) I can run (　　　) (　　　) Jane.
私はジェーンより速く走れます。

302 **Q.** 次の文の（　）に適する語を書きましょう。

Sleeping outside is (　　　) comfortable (　　　) inside.
戸外で寝るのは家で寝るほど快適ではない。

303 **Q.** 次の文の（　）に適する語を書きましょう。

I waited for you in front of the post office for (　　　) (　　　) fifty minutes.
君を郵便局の前で50分以上待っていた。

304 **Q.** 次の文の（　）に適する語を書きましょう。

My daughter loves nature more than (　　　) (　　　).
私の娘は何よりも自然が好きだ。

305 **Q.** 日本文にあうように（　）内の語を正しく並べかえましょう。

(you / better / which / do / like), a koala bear or a deer?
コアラと鹿ではどちらが好きですか。

306 **Q.** 次の文の（　）に適する語を書きましょう。

I (　　　) send a telegraph (　　　) (　　　) mail.
郵便よりむしろ電報を送りたい。

A. 【正解】(1) **taller, than**　(2) **faster, than**

ポイント! 〈(-er) ＋ than ~ 〉 "than ~" は「~より」という意味。比較をした結果，片方の程度がよりまさっていることを示す表現。表現の最後が目的格の **her** になってしまわないように要注意です。代名詞は主格がきます。

A. 【正解】**less, than**

ポイント! ［劣等比較］〈less ＋原級＋ than ~〉「~ほど…でない」程度が劣ることを表すときに用いる表現です。
◇ **comfortable**「気持ちのよい，気楽な」

A. 【正解】**more, than**

ポイント! **in front of** 「…の前に」
◇注意すべき連語 **more than …**「…以上」/ **less than …**「…以下」
◇ **not ~ any longer = no longer, not any more = no more**（もうこれ以上…ない）

A. 【正解】**anything, else**

ポイント! **else**「そのほかの」。**Anything else?** は「ほかに何かありますか」のように英会話で使われます。
more than anything else は「そのほかの何よりも」。つまり，内容的には最上級になります。

A. 【正解】**Which do you like better**

ポイント! 比べるのが「モノ」なら〈**Which is** 比較級, **A or B?**〉「AとBはどちらが…か」のパターンを使います。
比べるのが「人」なら〈**Who is** 比較級, **A or B?**〉「AとBはどちらが~か」のパターンにします。

A. 【正解】**would, rather, than**

ポイント! **rather than** で「よりむしろ…」の意味になります。
rather than の前後は文法上同等のものが入ります。

◆比較の標準 - ②

307 Q. 次の文の（　）に適する語を書きましょう。

This flower is more beautiful than that (　　).
この花はあの花よりも美しい。

308 Q. 次の文の（　）に適する語を書きましょう。

(1) He works hardest (　　) the five.
(2) Tom is the tallest (　　) the class.

309 Q. 次の文の（　）に適する語を書きましょう。

He is the (　　　　) (　) the ten.
彼は10人の中でいちばん若いです。

310 Q. 次の文の（　）に適する語を書きましょう。

Mr. Yoshida plays golf (　　　) in our company.
吉田氏が我社でいちばんゴルフが上手です。

311 Q. 次の各語の比較級→最上級を（　）内に書きましょう。

(1) good [well]　　　→ (　　)　→ (　　)
(2) bad　　　　　　→ (　　)　→ (　　)
(3) many [much]　　→ (　　)　→ (　　)

312 Q. 次の文の（　）に適する語を書きましょう。

(1) This log is (　　) (　) heavy (　　) that one.
この丸太はあの丸太の2倍の重さである。
(2) China is twenty (　　) (　) large (　　) Japan.
中国は日本の20倍の広さだ。

A. 【正解】 one

ポイント！ one は flower のこと。
つまり，**This flower is more beautiful than that flower.** ということ。

A. 【正解】 (1) of　 (2) in

ポイント！ of の後には主に数字（～人，～個），in の後には「範囲」を表す語句がきます。

A. 【正解】 youngest, of

ポイント！ 3人（個）以上のものを比較した結果，もっとも程度がまさっているものを示す表現を最上級といいます。この表現パターンでは，形容詞の最上級の前には **the** を置きます。副詞の場合には **the** は必要ありません。

A. 【正解】 best

ポイント！ 「…の中で一番～」というときには，〈最上級＋[**in** 単数表現]／[**of** 複数表現]〉となります。また，副詞の最上級には **the** をつけてもつけません。

A. 【正解】 (1) better, best　 (2) worse, worst　 (3) more, most

ポイント！ 不規則に変化するもの。
(1) good（well）　　 → better　　 → best
(2) bad　　　　　　 → worse　　 → worst
(3) many（much）　 → more　　 → most

A. 【正解】 (1) twice, as, as　 (2) times, as, as

ポイント！ half「～の半分」，twice「～の2倍」，... times「～の…倍」のような倍数を表す数詞を **as ~ as** の前につけて倍数表現を作ります。

◆比較の標準 - ③

313 **Q.** 日本文にあうように（　）内の語を正しく並びかえましょう。

She has (three times / many books / as / as) I have.
彼女は私の3倍の本を所有している。

314 **Q.** 日本文にあうように（　）内の語を正しく並びかえましょう。

He has (as / as / many CDs / twice) I do.
彼は私の倍のCDをもっている。

315 **Q.** 次の文の（　）に適する語を書きましょう。

He is (　　) (　　) young (　　) he looks.
彼は見かけほど若くない。

316 **Q.** ほぼ同じ内容を表すように（　）に適する語を書きましょう。

Finish as quickly as possible.
= Finish as quickly as you (　　).
できるかぎりはやく終らせなさい。

317 **Q.** ほぼ同じ内容を表すように（　）に適する語を書きましょう。

(1) He ran as fast as he (　　　　).
(2)= He ran as fast as (　　　　).
彼はできるだけ速く走った。

318 **Q.** 次の文の（　）に適する語を書きましょう。

(1) The USA is (　　　) larger (　　　) Japan.
アメリカ合衆国は日本よりずっと広い。

(2) I am (　　　) younger (　　　) he.
私は彼よりずっと若い。

A. 【正解】 three times as many books as

ポイント! 倍数を表す数詞を **as ~ as** の前につけると，「～倍…」という意味になります。

A. 【正解】 twice as many CDs as

ポイント! twice as many as ... で「…の2倍」という意味を表します。

A. 【正解】 not, as [so], as

ポイント! **as ~ as ...** は2つのものの程度が等しいことを示します。その否定は〈**not as[so]~ as ...**〉「…ほど～でない」の形となります。

A. 【正解】 can

ポイント! 原級比較を使った慣用表現。「できるかぎり～」という表現です。
◇ **as** + 原級 + **as one can** = **as** + 原級 + **as possible**

A. 【正解】 (1) could (2) possible

ポイント! 原級比較を使った慣用表現。
He ran~ と過去形なので，**as fast as he could** と can を過去形にします。

A. 【正解】 (1) much, than (2) much, than

ポイント! 比較級を強調する方法 〈比較級〉を強調するときは，**much, far** などを比較級の前に置き，「ずっと」の意味で，比較する両者の差が激しいことを表します。

◆比較の標準 - ④

319 **Q.** 次の文の（　）に適する語を書きましょう。

It is (　　　) hotter today (　　　) yesterday.
きょうは昨日よりもとても暑い。

320 **Q.** 次の文の（　）に適する語を書きましょう。

Cars with air bags are (　　　) safer (　　　) those without them.
エアバック付の車の方が付いていないものよりずっと安全です。

321 **Q.** 次の文の（　）に適する語を書きましょう。

He is three years (　　　) (　　　) she.
彼は彼女より3歳年上です。

322 **Q.** 次の文の（　）に適する語を書きましょう。

She is (　　　) (　　　) he (　　　) three years.
彼女は私より3歳若い。

323 **Q.** 次の文の（　）に適する語を書きましょう。

This is better (　　　) (　　　) (　　　) watch in the shop.
これはその店の他のどの時計よりもよい。

324 **Q.** 次の文の（　）に適する語を書きましょう。

He is the (　　　) pleasant artist that I (　　　) (　　　) (　　　).
彼は今までに会った芸術家の中でもっとも楽しい人だ。

A. 【正解】 much, than

ポイント! 比較級を強めて「ずっと」の意味を加えるのは **much** を使います。比較級を表す語の直前に置きます。

A. 【正解】 much, than

ポイント! those without them は those cars without air bags ということ。

A. 【正解】 older, than

ポイント! 程度の差を具体的に示すには，比較級の前に"差"の表現を入れます。

A. 【正解】 younger, than , by

ポイント! 程度の差を具体的に示すとき，比較級の前に"差"の表現を入れるか，〈**by** +"差"〉の形で文尾に置きます。

A. 【正解】 than, any, other

ポイント! 〈比較級+ **than** + **any other** +単数名詞〉「…ほど~なものはない」= 〈**Nothing** [**No** +単数名詞] +比較級+ **than**〉
このように比較級を用いて最上級の内容を表すことができます。

A. 【正解】 most, have, ever, met

ポイント! 最上級の文／「今まで~したうちで一番」の表現は，次のように言います。
〈最上級+ **that** +現在完了〉「これまでに~した中でもっとも…」

◆比較の標準 - ⑤

325 **Q.** 次の文の（ ）に適する語を書きましょう。

Excuse me, but can you tell me the way to the (　　　　) (　　　　　　　) store?

すみませんが、最も近いデパートへの行き方を教えてもらえますか。

326 **Q.** 次の文の（ ）に適する語を書きましょう。

(　　　　) is (　　　) precious and useful (　　　) time.

時間ほど貴重で役立つものはない。

327 **Q.** 次の文の（ ）に適する語を書きましょう。

(　　) (　　　) mountain in Japan is higher (　　　) Mt. Fuji.

富士山は日本でいちばん高い山です。

328 **Q.** 次の文の（ ）に適する語を書きましょう。

The climate of Japan (　) milder (　　　) (　　　) of Canada.

日本の気候はカナダよりも温暖です。

329 **Q.** (1), (2)の文がほぼ同じ内容を表すように（　）入れましょう。

(1) (　　) (　　　) in my family can sing (　　) (　　　) (　　　) Yuki.

(2) Yuki is the (　　　) (　　　　) in my family.

330 **Q.** 次の文の（ ）に適する語を書きましょう。

(　　　　) is more popular, soccer (　　) baseball?

サッカーと野球では、どちらがより人気がありますか。

A. 【正解】 nearest, department

ポイント！ the nearest department store「最も近いデパート」
「デパート」は英語では "department store" です。

A. 【正解】 Nothing, more, than

ポイント！ 比較級を使った慣用表現
〈Nothig［No＋単数名詞］＋比較級＋than〉
＝〈比較級＋than＋any other＋単数名詞〉「…ほど～なものはない」
◇ precious「貴重な」　◇ useful「役に立つ，有益な」

A. 【正解】 No, other, than

ポイント！ 〈No other ～ than ...〉「…より～なものはほかにない」
No other mountain in Japan「日本にほかの山はない」
higher than Mt. Fuji「富士山より高い」

A. 【正解】 is, than, that

ポイント！ The climate of Japan is milder than that of Canada.
の that は the climate のことです。

A. 【正解】 (1) No, one, as, well, as　(2) best, singer

ポイント！ (1)「ユキほど上手に歌える人は家族にいません」
(2)「ユキは家族でいちばん上手な歌い手です」

A. 【正解】 Which, or

ポイント！ AとBではどちらがより～ですか」は〈Which is＋比較級，A or B?〉で表現します。

121

◆不定詞の標準 - ①

331 **Q.** 日本文にあうように（　）内の語を並べかえましょう。

(1) (for / it / is / me / difficult) to carry out that plan.
私がその計画を実行することは困難です。

(2) (for / it / is / good / the health) to get up early.
早寝早起き（すること）は健康によい。

332 **Q.** 日本文にあうように（　）内の語を並べかえましょう。

(1) It (to / began / snow / one hour ago).
1時間前に雪が降りはじめた。

(2) I decided (be / a doctor / to).
私は医者になろうと決心した。

333 **Q.** 日本文にあうように（　）内の語を並べかえましょう。

(1) I haven't decided (to / where / go).
私はどこへ行くか決めていない。

(2) I decided (to / when / start).
私はいつ出発するか決めた。

334 **Q.** 日本文にあうように（　）内の語を並べかえましょう。

(1) I don't know (to / what / say).
何と言えばよいかわからなからない。

(2) Please tell me (to / how / it / use).
それの使い方を教えてください。

335 **Q.** 次の文の（　）に適する語を書きましょう。

(1) I make (　) a rule (　) (　) a walk every morning.
私は毎朝散歩をすることにしている。

(2) I found (　) easy (　) (　) English.
英語を読むのがやさしいことがわかった。

336 **Q.** 次の文の（　）に適する語を書きましょう。

Her only wish (　) (　) (　) in Hawaii.
彼女の唯一の望みはハワイに住むことだった。

A. 【正解】(1) **It is difficult for me**　(2) **It is good for the health**

ポイント！　(1)と(2)は不定詞が主語になっている例です。(2)の訳ではカッコ内に「すること」という言葉が補足されていますが，自然な日本語では省略されることがあります。

A. 【正解】(1) **began to snow one hour ago**　(2) **to be a doctor**

ポイント！ この文で使われている不定詞は，動詞の目的語として働いています。以下の動詞も不定詞を目的語にとります。
◇ **I wish to become a lawyer.**「私は弁護士になりたい」
◇ **I want to take a shower.**「シャワーを浴びたい」

A. 【正解】(1) **where to go**　(2) **when to start**

ポイント！ (1)の文では **decided where to go**，つまり「疑問詞＋不定詞」の形になっています。このように疑問詞とセットになった形の不定詞も名詞的用法の一種です。

A. 【正解】(1) **what to say**　(2) **how to use it**

ポイント！ (1)の文も **know what to say** つまり「疑問詞＋不定詞」の形になっています。
これらの形は「何を[どのように，いつ，どこで]すべきか」のように訳します。

A. 【正解】(1) **it, to, take**　(2) **it, to, read**

ポイント！ (1)(2)の文は，本来は **it** の位置に目的語である不定詞があったのですが，目的語の(**to take ~ morning**)が長いために真の目的語である不定詞の語句を文の後ろへ移動して，空いた位置に形式的な **it** を補足したものです。

A. 【正解】**was, to, live**

ポイント！　不定詞が **be** 動詞の直後に置かれていますね。不定詞が形成する語句は，主語である **wish**（望み）の内容を具体的に補足説明しています。つまり，主格補語になっています。このように名詞的用法の不定詞は補語になることができます。

◆不定詞の標準 - ②

337 **Q.** 日本文にあうように（　）内の語を正しく並べかえましょう。

(1) She asked me (of / to / care / take) her children.
彼女は自分の子供たちを私に世話するように頼んだ。

(2) I want you (bicycle / fix / to / the broken).
きみにこわれた自転車を修理してもらいたい。

338 **Q.** 日本文にあうように（　）内の語を正しく並べかえましょう。

He told me (to / not / be / late) for the meeting.
彼は私に会議に遅れないように言った。

339 **Q.** (1), (2)の英文の（　）内に適する共通の語を入れましょう。

(1) (　) see is (　) believe.
見ることは信じることである＝百聞は一見にしかず。

(2) He likes (　) live in the country.
彼は田舎に住むのが好きだ。

340 **Q.** 日本文にあうように（　）内の語を正しく並べかえましょう。

(1) I have (a lot of / do / things / to) today.
今日はすることがたくさんあります。

(2) He has (a lot of / support / staff to) him.
彼には支えてくれる多くの部下がいます。

341 **Q.** 日本文にあうように（　）内の語を正しく並べかえましょう。

(1) I want (to / something / cut).
何か切るものがほしい。

(2) I want (with / something / cut / to).
何か切る道具がほしい。

342 **Q.** 日本文にあうように（　）内の語を正しく並べかえましょう。

(1) We (play / have / to / time) soccer.
私たちはサッカーをする時間があります。

(2) Please (to / me / something / drink / give).
何か飲み物をください。

A. 【正解】(1) **to take care of**　(2) **to fix the broken bicycle**

ポイント！ 不定詞の直前に人が置かれている場合は，不定詞の動作主であることを示しています。
◇〈**want** ＋人＋ **to** ~〉「…に~して欲しい」
◇〈**ask** ＋人＋ **to** ~〉「~に~するように頼む」

A. 【正解】 **not to be late**

ポイント！「…に~しないように言う」と否定の内容にするときは，不定詞の直前に **not** がつきます。
◇〈**tell** ＋人＋ **to** ~〉「…に~するように言う」

A. 【正解】(1) **To, to**　(2) **to**

ポイント！ (1)の **To see** は主語，**to believe** は補語。(2)の **to live** は目的語になっています。いずれも名詞的用法の **to** 不定詞です。

A. 【正解】(1) **a lot of things to do**　(2) **a lot of staff to support**

ポイント！不定詞の形容詞としてのはたらき（形容詞的用法）
直前にある名詞や代名詞を修飾して，「~するべき」「~するための」という意味を表す用法を形容詞的用法といいます。

A. 【正解】(1) **something to cut**　(2) **something to cut with**

ポイント！ **with** は手段・道具を示し「~で」の意味を表します。
つまり，(1)はハサミなどを手にしながら「紙など」の切る対象物を求めているわけで，(2)は切る「道具（ハサミ・カッターなど）」を求めていることを表しています。

A. 【正解】(1) **have time to play** (2) **give me something to drink**

ポイント！ (1), (2)の不定詞とも「~するための」という意味です。(2)の文のように不定詞が **something** を修飾するとき〈代名詞＋形容詞＋不定詞〉の語順になっていることに注目。-**thing** を形容詞と不定詞が修飾するときは，〈-**thing** ＋形容詞＋不定詞〉の語順です。

◆不定詞の標準 - ③

343 **Q.** 日本文にあうように（　）内の語を正しく並べかえましょう。

He told us (to / not / noisy / be).
彼は私たちに静かにしなさいと言った。

344 **Q.** (1), (2)の英文の（　）内に適する共通の語を入れましょう。

(1) He went to the airport (　) meet Ms. Bowen.
彼はボーエンさんを迎えに空港に行った。

(2) She came to Japan (　) study Japanese history.
彼女は日本史を勉強するために来日した。

345 **Q.** 日本文にあうように（　）内の語を正しく並べかえましょう。

(1) He (in / went / the airport / order / to / to) meet Ms. Bowen.
彼はボーエンさんを迎えに空港に行った。

(2) She (to / to / came / Japan / in / order) study Japanese history.
彼女は日本史を勉強するために来日した。

346 **Q.** 次の文の（　）に適する語を書きましょう。

(1) I (　) (　) (　) see you.
あなたにお会いできてうれしいです。

(2) We (　) (　) (　) hear the news.
私たちはその知らせを聞いて驚いた。

347 **Q.** 次の文の（　）に適する語を書きましょう。

(1) She must (　) (　) (　) say such a thing.
そのようなことを言うなんて，彼女は疲れているのに違いない。

(2) I tried again (　) (　) fail.
私は再度やってみたが失敗しただけであった。

348 **Q.** 次の文の（　）に適する語を書きましょう。

He grew up (　) (　) a famous baseball player.
彼は成長して有名な野球選手になった。

A. 【正解】not, to, be, noisy

ポイント！不定詞を否定するときは、その直前に **not** や **never** を置きます。

A. 【正解】(1) **to**　(2) **to**

ポイント！ **to meet** は「目的」の意味を表しています。
「目的」の意味で不定詞が使われるときは、文の動詞は現実的に **go** や **come** が使われていることが多いと頭に入れておきましょう

A. 【正解】(1) **went to the airport in order to**
　　　　(2) **came to Japan in order to**

ポイント！「目的」を表す不定詞で、**to** の部分が **in order to** や **so as to** という語句で表されていることがあります。これらは目的の意味を明確にするための語句で、文語調の文でよく用いられます。

A. 【正解】(1) **am, glad, to**　(2) **were, surprised, to**

ポイント！(2)の不定詞は **were surprised** の直後に続いています。これはどうしてそのような感情や気持ちになったのかを、不定詞が示していることを表しているわけです。

A. 【正解】(1) **be, tired, to**　(2) **only, to**

ポイント！(1)この文も「形容詞＋不定詞」になっていますが、こちらは不定詞によって形容詞が表す内容の根拠を示しています。(判断の根拠)
(2)「**only to ~**」は「結局~しただけである」。

A. 【正解】**to, be**

ポイント！「~した。その結果~である」と不定詞が結果を表しています。
「彼は成長した。その結果、有名な野球選手になった」ということです。

◆動名詞の標準 - ①

349 **Q.** 次の文の（　）に適する語を書きましょう。

(1) I (　) (　) at (　).
私は料理をすることが得意です。

(2) I (　) (　) of (　) golf.
私はゴルフをするのが好きです。

350 **Q.** 次の文の（　）に適する語を書きましょう。

(1) Don't (　) (　) of making mistakes.
失敗をすることを恐れてはいけない。

(2) (　) (　) (　) in cooking?
あなたは料理をすることに興味がありますか。

351 **Q.** 次の文の（　）に適する語を書きましょう。

How (　) (　) to the movies?
映画を見に行きませんか。

352 **Q.** 次の文の（　）に適する語を書きましょう。

(1) I (　) (　) (　) to seeing you again.
私はあなたに再会することを楽しみにしています。

(2) I (　) (　) (　) to your e-mail.
あなたのメールを楽しみにしています。

353 **Q.** 次の文の（　）に適する語を書きましょう。

I (　) (　) (　) getting up early in the morning.
私は朝早く起きることに慣れています。

354 **Q.** 次の文の（　）に適する語を書きましょう。

(1) He will (　) (　) (　) living in Japan.
彼は日本で生活することに慣れるだろう。

(2) (　) (　) (　) (　) driving in Tokyo?
あなたは東京で運転するのに慣れていますか。

A. 【正解】(1) am, good, cooking　(2) am, fond, playing

ポイント! 前置詞の後ろには名詞に相当する語がくるので，動詞は動名詞にします。
◇ **be good at -ing**「…することが得意だ」
◇ **be fond of -ing**「…することが好きだ」

A. 【正解】(1) be, afraid　(2) Are, you, interested

ポイント! 前置詞の後ろには名詞に相当する語がくるので，動詞は動名詞にします。
◇ **be afraid of -ing**「…するのを恐れる」
◇ **be interested in -ing**「…に興味がある」

A. 【正解】about, going

ポイント! **How about …?** は「…はいかがですか」「…しませんか」と，相手を誘うときに用いる表現です。

A. 【正解】(1) am, looking, forward　(2) am, looking, forward

ポイント! **look forward to -ing**「…するのを楽しみに待つ」。
〈**look forward to ~**〉の場合，この **to** を **to** 不定詞だと誤解しないように注意。この **to** は前置詞で，後には名詞またはそれに相当する語句(動名詞)がきます。

A. 【正解】am, used, to

ポイント! 他の表現と紛らわしい動名詞を利用した慣用表現。**am used to getting** は **used to …** とよく似ています。 **used to …** は後に動詞の原形をとり，「…したものだ」と過去の規則的習慣を表します。

A. 【正解】(1) get, used, to　(2) Are, you, used, to

ポイント! (1)「…することに慣れる」と動作を示すときは **be** 動詞を **get** に代えて表します。
(2)〈**be** 動詞＋ **used to** ＋ **ing** 形〉はすでに習慣になっていることを表します。

◆動名詞の標準 - ②

355 **Q.** 次の文の（　）に適する語を書きましょう。

(1) I (　　) (　　) (　　　　) a cup of tea.
お茶を１杯飲みたい気分です。

(2) I don't (　　) (　　) lunch.
昼食を食べる気分ではない。

356 **Q.** 次の文の（　）に適する語を書きましょう。

(　　) (　) (　) (　　　　) out the plan.
= It is impossible to carry out the plan.

357 **Q.** 次の英文を日本語にしましょう。

There is no explaining the reason to them.
= It is impossible to explain the reason to them.

358 **Q.** 次の文の（　）に適する語を書きましょう。

On hearing the news, I e-mailed him.
= (　　) (　　) (　　) I heard the news, I e-mailed him.
私はそのニュースを聞いてすぐに彼にメールした。

359 **Q.** 次の文の（　）に適する語を書きましょう。

This book is worth reading.
= It is (　　) (　　) reading the book.
= It is (　　) (　　) to read the book.
この本は読む価値があります。

360 **Q.** 次の文の（　）に適する語を書きましょう。

Do you (　　) my (　　　　) the window?
窓を開けてもかまいませんか。

A.【正解】(1) feel, like, having　(2) feel, like

ポイント！ feel like -ing「…したい気がする」。〈feel like -ing〉は，文脈によっては「…のような気がする」と訳すこともできます。さらに，「…のような手触りである」という意味を表すことがあります。

A.【正解】There, is, no, carrying

ポイント！ 〈There is no -ing〉の形は「不可能である」ということを表します。
訳は「その計画を実行するのは不可能です」。

A.【正解】その理由を彼らに説明することはできない。

ポイント！ 〈There is no -ing〉の形は「…することは不可能である」は，このように〈It is impossible ~〉の形に置き換えることができます。

A.【正解】As, soon, as

ポイント！ 〈on -ing〉は，〈as soon as ~〉や〈when ~〉に置きかえて考えることができます。

A.【正解】worth, while / worth, while

ポイント！ 〈be動詞＋ worth ＋ -ing〉「～するだけの価値がある」。この形とほぼ同じ意味を〈worth while -ing [to 不定詞]〉で表すことができます。この worth は形容詞で，後に名詞または動名詞をとります。ただし，こちらは文頭に形式主語の It が置かれます。

A.【正解】mind, opening

ポイント！ この文では動名詞（opening）の前に代名詞（my）がついていますね。不定詞と同様に，動名詞の実質的な動作主（意味上の主語）を示すときはその直面に置かれます。動名詞の場合，動作主は所有格にします。

◆動名詞の標準 - ③

361 **Q.** 次の文の（　）に適する語を書きましょう。

Do you mind (　　　　) the window?
= Will you (　　　) the window?
窓を開けていただけませんか。

362 **Q.** 次の英文を日本語にしましょう。

(1) She stopped smoking.
(2) She stopped to smoke.

363 **Q.** 次の文の（　）に適する語を書きましょう。

(1) I'll never (　　　) (　　　　) you.
あなたに会ったことを忘れません。

(2) I won't (　　　) (　　) post this letter.
忘れないでこの手紙を投函します。

364 **Q.** 次の文の（　）に適する語を書きましょう。

(1) I remember (　　　　) her.
彼女に会ったことを覚えています。

(2) Remember to (　　　) her.
忘れずに彼女に会いなさい。

365 **Q.** 次の英文を日本語にしましょう。

(1) I tried putting on the coat.
(2) I tried to sleep.

366 **Q.** 日本文にあうように（　）内の語を正しく並べかえましょう。

I (to / tried / not) sleep then.
そのとき眠らないように努めた。

A. 【正解】 opening, open

ポイント！ 動名詞の意味上の主語は，代名詞のときは所有格または目的格になります。名詞の場合は通常の形で用います。前の問題文の **Do you mind my opening the window?** から **my** を取り去ると **opening** の主語は文の主語（つまり **you**）だということになります。

A. 【正解】(1) 彼女はたばこをやめた。
(2) 彼女はたばこを吸うために立ち止まった。

ポイント！ **stop** の後に例外的に「**to** 不定詞」をとることがあります。ただし，この場合は，「～するために」と目的の意味を表します。

A. 【正解】(1) **forget, seeing**　(2) **forget, to**

ポイント！ 次の違いに注意しましょう。
(1) **forget -ing** 　「(かつて)…したことを忘れる」　→過去のこと
(2) **forget to …** 　「(これから)…することを忘れる」→未来のこと

A. 【正解】(1) **seeing**　(2) **see**

ポイント！ 次の違いに注意しましょう。
(1) **remember -ing**「…したことを覚えている」　→ 過去のこと
(2) **remember to …**「忘れないで…する」　　　→ 未来のこと

A. 【正解】(1) 私はそのコートを着てみた。　(2) 私は眠ろうと努めた。

ポイント！ 次の違いに注意しましょう。
(1) **try -ing** 　「…してみた」　　　→ 過去のこと
(2) **try to** … 「…しようと努める」　→ 未来のこと

A. 【正解】 **tried not to**

ポイント！ 「…しないように努める」と表すときは〈**try not to …**〉の形にします。

◆現在完了形の標準 - ①

367 **Q.** 次の文の（　）に適する語を書きましょう。

I have (　　　) Nagoya (　　　).
これまでに名古屋を訪れたことがあります。

368 **Q.** 次の文の（　）に適する語を書きましょう。

(1) I have (　　　) a panda (　　　).
パンダを1度見たことがあります。

(2) I have (　　　) (　　) London (　　　).
ロンドンには以前行ったことがあります。

369 **Q.** 次の英文を日本語にしましょう。

(1) I've been to his office.
(2) I have been in Chicago.

370 **Q.** 日本文にあうように（　）内の語を正しく並べかえましょう。

(1) I (twice / met / have / her).
彼女には2度会ったことがある。

(2) (ever / have / read / you) this book?
この本を読んだことがありますか。

371 **Q.** 次の文の（　）に適する語を書きましょう。

(1) Have you (　　　) (　　　) a papaya?
パパイヤを食べたことがあります。

(2) Yes, I have. / No, I have (　　　) (　　　) one.
はい，あります / いいえ，1回も食べたことがありません。

372 **Q.** 次の文の（　）に適する語を書きましょう。

I have (　　　) (　　　) (　　) Hawaii.
私は一度もハワイに行ったことがありません。

A.　【正解】**visited, before**

> ポイント！ 経験を表す現在完了でよく使われる副詞。
> ◇ **before**「今までに」　**often**「よく」　**once**「1回（度）も」
> **once** は文の中で「かつて」, 文尾に置くと「1回（度）」の意味になります。

A.　【正解】(1) **seen, once**　(2) **been, to, before**

> ポイント！ (1)「2回見たことがある」なら **twice** になります。

A.　【正解】(1) 彼の会社へ行ってきたところだ。
　　　　(2) 私はシカゴにいたことがある。

> ポイント！ 〈**have [has] been to ~**〉の型は「～へ行ってきたところだ」という意味を表すこともできます。この場合は「完了」を表しています。
> (2) 〈**have [has] been in ~**〉で「～にいたことがある」の意味。

A.　【正解】(1) **have met her twice**　(2) **Have you ever read**

> ポイント！ 経験を表す現在完了でよく使われる副詞。
> ◇ **twice**「2回（度）」　◇ **~ times**「…回（度）」
> ◇ **many times**「何回（度）」　◇ **ever ~**「これまでに」

A.　【正解】(1) **ever, eaten**　(2) **never, eaten**

> ポイント！ (2)経験の否定は **not** ではなく **never**「一度も…ない」で表します。

A.　【正解】**never, been, to**

> ポイント！ **have never been to …** で「…に行ったことがない」という意味になります。

◆現在完了形の標準 - ②

373 **Q.** 次の文の（ ）に適する語を書きましょう。

We have lived here ( ) ten years.
私たちはここに 10 年間住んでいる。

374 **Q.** 次の文の（ ）に適する語を書きましょう。

We have lived here ( ) 1991.
私たちはここに 1991 年から住んでいます。

375 **Q.** 次の文の（ ）に適する語を書きましょう。

I've know her ( ) she was a child.
子供のころから彼女を知っている。

376 **Q.** 次の文の（ ）に適する語を書きましょう。

How long ( ) he ( ) ill in bed?
どのくらい病気で寝ているのですか。

377 **Q.** 次の文の（ ）に適する語を書きましょう。

I have known him ( ) many years.
何年も前から彼を知っています。

378 **Q.** 次の文の（ ）に適する語を書きましょう。

I have ( ) seen them ( ) last month.
彼らには先月以来ずっと会っていない。

A. 【正解】**for**

> ポイント！ 〈**have [has]** ＋過去分詞＋ **for** ＋時間の長さ〉で「〜の間ずっと〜している」という意味になります。

A. 【正解】**since**

> ポイント！ 〈**have [has]** ＋過去分詞＋ **since** ＋過去の起点〉で「〜からずっと〜している」という意味になります。

A. 【正解】**since**

> ポイント！ 「彼女が子供のとき」という過去の起点なので **since** を用います。この **since** は前置詞ではなく接続詞です。

A. 【正解】**has, been**

> ポイント！ 「どのくらいの間？」と時間の長さをたずねるときは「**How long**」で始まる疑問文にします。

A. 【正解】**for**

> ポイント！ **for**「〜の間ずっと〜している」
> **many years** という時間の長さなので **for** が入ります。
> 過去に始まった動作や状態が現在まで続いていることを表す型です。

A. 【正解】**not, since**

> ポイント！ **last month** という過去の起点なので **since** が正解。
> 「会ってないという状況が続いている」ということです。
> 〈**I have not** ＋過去分詞〜．〉「〜していない」のパターン。

◆現在完了形の標準 - ③

379 **Q.** 次の文の（　）に適する語を書きましょう。

My brother (　　) (　　) in Tokyo (　　) last week.
私の兄は先週から東京にいます。

380 **Q.** 次の文の（　）に適する語を書きましょう。

I (　　) (　　) (　　) forward to seeing you.
あなたにお会いするのを楽しみにしていました。

381 **Q.** 次の文の（　）に適する語を書きましょう。

It (　　) (　　) (　　) for about three hours.
3時間くらい雪が降り続いている。

382 **Q.** 次の文の（　）に適する語を書きましょう。

This PC (　　) not (　　) (　　) for years.
このパソコンは何年もずっと使われていません。

383 **Q.** 次の文の（　）内から正しいものを選びましょう。

What time (you arrived at / have arrived in / did you reach / have you reached) there?
そこには何時につきましたか。

384 **Q.** 日本文にあうように（　）内の語を正しく並べかえましょう。

We (that / learned / the earth / is / in / danger / have).
地球は危機にさらされていることがわかった。

A. 【正解】 has, been, since

> **ポイント！** **last week** という「過去の起点」なので **since** が入ります。過去に始まった動作や状態が現在まで続いていることを表す型です。

A. 【正解】 have, been, looking

> **ポイント！** 「継続」を表すとき，自分の意志で断続できない動詞や本来継続的な意味を表す動詞は〈**have [has]** + 過去分詞〉の型でいいのですが，それ以外は〈**have [has]** + **been** + **-ing**〉で表します。

A. 【正解】 has, been, snowing

> **ポイント！** 「ずっと降っている」というニュアンスです。

A. 【正解】 has, been, used

> **ポイント！** この文は，現在完了形の受動態です。
> **has used**「使っている」の受動態が **has been used**「使われている」となります。

A. 【正解】 did you reach

> **ポイント！** **what time** は現在完了の文に使えません。
> ~ **ago** / **last** ~ / **When** ~? / **just now**（たった今）など，明らかに過去を表す次の語句は使えないことを確認しましょう。

A. 【正解】 have learned that the earth is in danger

> **ポイント！** **learn that** ~「~だということがわかる」。「危機にさらされている」は **be in danger** です。

◆使役動詞の標準

385 **Q.** 次の文の（　）に適する語を書きましょう。

(1) **I will (　　) Tom (　　) you.**
トムから電話させます。

(2) **I will (　　) him (　　) for me.**
私の代わりに彼を行かせよう。

386 **Q.** 日本文にあうように（　）内の語を正しく並べかえましょう。

She (made / go / us) there yesterday.
彼女はきのう私たちをそこへ行かせた。

387 **Q.** 日本文にあうように（　）内の語を正しく並べかえましょう。

(draw / let / me) a map.
地図を書かせてください。

388 **Q.** 日本文にあうように（　）内の語を正しく並べかえましょう。

I'll (her / have / cook) .
彼女に料理をしてもらおう。

389 **Q.** 日本文にあうように（　）内の語を正しく並べかえましょう。

She (go / made / there / us) yesterday.
彼女は昨日私たちをそこへ行かせた。

390 **Q.** 日本文にあうように（　）内の語を正しく並べかえましょう。

His answer (made / angry / her) .
彼の返事は彼女を怒らせた。

A.【正解】(1) have, call　(2) have, go

ポイント!「～に…させる」の意味を表す使役動詞は補語として原形動詞をとります。
使役動詞は **make, let, have** の3つです。

A.【正解】made us go

ポイント! 使役動詞 **make** です。「すぐに彼を行かせます」という意味。
暗に「彼が嫌がっても行かせます～」といった強いニュアンスを伝えます。

A.【正解】Let me draw

ポイント! 使役動詞の **let** です。
let は「許しておく」というニュアンスです。
「私が地図を書くのを許しておいてください」という意味です。

A.【正解】have her cook

ポイント! 使役動詞を強制の強い順にならべると
make「(強制的に) させる」＞ **let**「許しておく」＞ **have**「してもらう」

A.【正解】made us go there

ポイント! 使役動詞の **make** は，強制的に「させる」。
She ＋ made ＋ us ＋ go ＋ there yesterday.
＝主語＋動詞＋目的語＋補語＋修飾語

A.【正解】made her angry

ポイント! 使役動詞の **make** は，このように第5文型にもなります。
His answer ＋ made ＋ her ＋ angry.
＝主語＋動詞＋目的語＋補語

◆使役動詞・知覚動詞の標準

391 Q. (1), (2)の英文の（　）内に適する共通の語を入れましょう。

(1) I will (　) her work at night.
彼女がよければ夜，働かせます。

(2) I will (　) them go there.
私は彼らをそこへ行かせるつもりです。

392 Q. 日本文にあうように（　）内の語を正しく並べかえましょう。

I will (no / make / go / in / him / time) .
すぐに彼を行かせます。

393 Q. 次の英文を日本語にしましょう。

(1) I heard Mary sing a song.
(2) We felt the ground shake.

394 Q. 次の英文を日本語にしましょう。

I saw him running in the park.

395 Q. 次の文の（　）に適する語を書きましょう。

I (　　　) her sing.
私は彼女が歌を歌うのを聞いた。

396 Q. 次の文の（　）に適する語を書きましょう。

I (　) the earth quaking then.
私はそのとき地面が揺れているのを感じました。

A. 【正解】(1) **let**　(2) **let**

ポイント！ (1) **let** は「嫌がったらやめる」程度の使役を表します。
◇ **Let me go there.** そこへ行かせてください。

A. 【正解】**make him go in no time**

ポイント！ **make him go**「彼を行かせる」，**in no time**「すぐに」ですから，〈I will + make him go + in no time.〉のように組み立てます。

A. 【正解】(1) 私はメアリーが歌を歌うのを聞いた。
(2) 私たちは地面が揺れるのを感じた。

ポイント！ 「聞く」「感じる」「見る」などの意味を表す知覚動詞は，補語として原形動詞をとります。
(1)の原形動詞 **sing**　(2)の原形動詞 **shake**

A. 【正解】彼が公園で走っているが見えた。

ポイント！ 知覚動詞は原形動詞のほかに，現在分詞（過去分詞も）をとります。「…が〜しているのを見る［聞く・感じる］」という意味になります。

A. 【正解】**heard**

ポイント！ 知覚動詞の例①
◇ **see**「〜が…するのが見える」
◇ **watch**「〜が…するのをじっと見る」
◇ **feel**「〜が…するのを感じる」

A. 【正解】**felt**

ポイント！ 知覚動詞の例②
◇ **hear**「〜が…するのが聞こえる」
◇ **notice**「〜が…するのに気づく」
◇ **smell**「〜が…するのを嗅ぐ」

◆関係代名詞の標準（that の特別用法）

397 **Q.** 次の文の（　）に適する語を書きましょう。

This is (　) (　) camera (　) I lost yesterday.
これは私がきのうなくしたカメラです。

398 **Q.** 次の文の（　）に適する語を書きましょう。

This is the loveliest flower (　) I have ever seen.
これは私がこれまでに見たなかで最も美しい花です。

399 **Q.** 次の文の（　）に適する語を書きましょう。

It's (　) the money (　) I have.
それが私が持っているすべてのお金です。

400 **Q.** 次の文の（　）に適する語を書きましょう。

I found (　　　) (　) looked like a toy.
私は何かおもちゃのようなものを発見した。

401 **Q.** 次の文の（　）に適する語を書きましょう。

Who is the boy (　) is playing the guitar?
ギターを弾いている少年はだれですか。

402 **Q.** 次の文の（　）に適する語を書きましょう。

Look at the man and the dog (　) (　) swimming in the sea.
海で泳いでいる人と犬を見てごらん。

A. 【正解】the, same, that

ポイント この文の関係代名詞は「**that** の特別用法」といわれるものです。先行詞に限定語句がつくときは **that** を用います。

A. 【正解】that

ポイント 先行詞に「形容詞の最上級」がついている場合，関係代名詞は **that** を用います。

A. 【正解】all, that

ポイント 先行詞に限定語句〈**all** / **no** / **the same** / **the last** / **the first** など〉がつくときには，関係代名詞は **that** を用います。

A. 【正解】something, that

ポイント 先行詞が **everything** / **something** / **anything** / **nobody** などのときは，関係代名詞は **that** になります。

A. 【正解】that

ポイント 前に疑問詞の **who** や **which** がある場合は，関係代名詞は **that** になります。

A. 【正解】that, are

ポイント 先行詞自体が「人＋もの」(**the man and the dog**) になっているときは，関係代名詞 **that** を用います。

やさしい単語の意外な意味〈1〉

語い力をさらに!!

	意外な意味	基本の意味
address	名 演説　他 話しかける	名 住所
age	名 時代，寿命，老年	名 年齢
air	名 様子，態度，【複】気取り	名 空気，空中
arm	名【複】武器	名 腕
art	名 技術，こつ（= technique）	名 芸術，美術
ball	名 舞踏会	名 球，ボール
bank	名 堤防，堆積	名 銀行
book	他 予約する	名 本
break	名 休憩	他自 壊す(れる)，破る
capital	名 頭文字，資本	名 首都
case	名 実情，訴訟事件，患者	名 場合，箱
chance	名 偶然，見込み	名 機会
change	名 つり銭，小銭	名 変化
company	名 仲間，来客	名 会社
day	名 [the ~, しばしば複数で] 時代	名 日，昼間
do	自 ふるまう、暮らす	他 する
drive	名 衝動	名 ドライブ
end	名 目的（= aim），突き当たり	名 終わり
fail	自（体力などが）衰える，怠る	自 失敗する
fashion	名 方法，流儀	名 流行
fast	自他 断食する	形 速い
fine	名 罰金　他 罰金を課する	形 晴れた，元気な
fire	他 解雇する	名 火，火災
flower	名 盛り	名 花
free	形 無料の，〜がない（from）	形 自由な
fruit	名 成果	名 果物
game	名 (集合的に) 獲物	名 試合

PART **3**

英文法の発展を
ドリルでチェック
〈発展問題・総合問題〉

◆分詞（現在分詞・過去分詞）- ①

403 **Q.** 次の文の（　）に適する語を書きましょう。

The lady (　　　　) a car over there is Tomoko's sister.
あそこで車を運転している女性はトモコさんの姉[妹]です。

404 **Q.** 次の文の（　）に適する語を書きましょう。

(1) Cars (　　　)(　) Japan are very popular.
日本製の自動車はとても人気があります。

(2) She has a bag (　　　)(　) France.
彼女はフランス製のバッグを持っています。

405 **Q.** 次の文の（　）に適する語を書きましょう。

(1) a (　　　　)(　　　　)
眠っている赤ちゃん

(2) a (　　　)(　　　　　) in the cradle
ゆりかごで眠っている赤ちゃん

406 **Q.** 次の文の（　）に適する語を書きましょう。

Who is the woman (　　　　　) in front of the house?
家の前に立っている女性はだれですか。

407 **Q.** 次の文の（　）に適する語を書きましょう。

These are the pictures (　　　) by his wife.
これらは彼の奥さんが撮った写真です。

408 **Q.** 次の文の（　）に適する語を書きましょう。

I like the story (　　　　) by her.
彼女によって書かれた物語が好きです。

A. 【正解】**driving**

> **ポイント！** ［分詞の用法］現在分詞は,「…している」という意味を表します。名詞を前と後ろから修飾する形容詞のはたらきをします。
> 現在分詞は〈動詞の原形＋**ing**〉という形です。

A. 【正解】(1) **made, in**　(2) **made, in**

> **ポイント！** ［過去分詞の用法］過去分詞は「…される」という意味を表します。過去分詞の形は〈動詞の原形＋**ed**〉ですね。
> (1) **made in Japan**「日本製の」
> (2) **made in France**「フランス製の」

A. 【正解】(1) **sleeping, baby**　(2) **baby, sleeping**

> **ポイント！** このように分詞が単独で名詞を修飾するときは，名詞の前に置きます。分詞が導く語句で名詞を修飾するときは，名詞の後に置きます。**a sleeping baby** = **a baby who is sleeping**

A. 【正解】**standing**

> **ポイント！** 疑問詞を使った文
> **woman** を **standing in front of the house** が修飾しています。
> ◇ **in front of**「…の前に」

A. 【正解】**taken**

> **ポイント！** **pictures** を **taken by his wife** が修飾しています。

A. 【正解】**written**

> **ポイント！** **story** を **written by her** が修飾しています。

◆分詞（現在分詞・過去分詞）- ②

409 **Q.** 次の文の（　）内の語をその文に合う適切な形にしましょう。

The man (　　　　) over there is Masao's brother.
向こうで歌っている男の人は正雄くんの兄弟です。

410 **Q.** 日本文に合うように（　）に適する語を書きましょう。

That is a house (　　　) eight years ago.
あれは8年前に建てられた家です。

411 **Q.** 日本文に合うように（　）に適する語を書きましょう。

Look at the boy (　　　　) next to her.
彼女の隣に座っている少年を見て。

412 **Q.** 次の英文を日本語にしましょう。

(1) This is the report which Reiko wrote.
(2) This is the report written by Reiko.

413 **Q.** 次の英文を日本語にしましょう。

That bridge made of wood was built 100 years ago.

414 **Q.** 次の英文を日本語にしましょう。

I'm reading a book written by Osamu Dazai.

A. 【正解】 singing

ポイント！ man を singing over there が修飾しています。
◇ over there「向こうに」

A. 【正解】 built

ポイント！ house を built eight years ago が修飾しています。
◇ eight years ago「8年前」

A. 【正解】 sitting

ポイント！ boy を sitting next to her が修飾しています。
◇ next to me「私の隣に」

A. 【正解】(1)これはレイコが書いたレポートです。
(2)これはレイコによって書かれたレポートです。

ポイント！ (1)関係代名詞 which を使った文。
(2) report を wrtten by Reiko が修飾しています。

A. 【正解】あの木の橋は100年前に作られたものです。

ポイント！ 受動態（受け身）の文。
bridge を made of wood が修飾しています。
was built「建てられた」で受け身の文です。

A. 【正解】私は太宰治によって書かれた本を読んでいます。

ポイント！ 現在進行形の文。book を written by Osamu Dazai が修飾しています。

◆関係副詞 - ①

415 **Q.** 次の英文が同じ内容になるように，(　)に適する語を書きましょう。

This is the house in which he was born.
= This is the house (　　　) he was born.

416 **Q.** 次の2つの文をつないで1つの文にしてましょう。

Sendai is the city.
She wants to go there.
仙台は彼女が行きたい都市です。

417 **Q.** 次の文の (　) に適する語を書きましょう。

This is the house (　　　) I was born.
これが私の生まれた家です。

418 **Q.** 次の文の (　) に適する語を書きましょう。

Sendai is the city (　　　) she visited two years ago.
仙台は彼女が2年前に訪れた都市です。

419 **Q.** 次の文の (　) に適する語を書きましょう。

This is the house (　　　) we live now.
これが今私たちが住んでいる家です。

420 **Q.** 次の文の (　) に適する語を書きましょう。

This is the place (　　　) I've long wanted to go.
ここが私が長いこと行きたかった場所です。

A. 【正解】where

ポイント! 関係副詞には，**where, when, why, how** があり，〈接続詞＋副詞〉のはたらきをし，２つの文を結びつけます。関係副詞は，「前置詞＋**which**（関係代名詞）」を１語で表したものです。

◇ **in which** = **where**

A. 【正解】Sendai is the city where she wants to go.

ポイント! **the city** と **there** は **Sendai** のことですから **the city** = **there** となります。**there** は場所の副詞ですから，副詞の代わりに文をつなぐ関係副詞によって２つの文（**Sendai is the city [= there]** と **She wants to go there.**）を１つの文にします。

A. 【正解】where

ポイント!

This is the house. ＋ I was born in the house.
= This is the house in which I was born.
= This is the house where I was born.

A. 【正解】which

ポイント! 先行詞が **the city** ですが，**where** と早とちりしないこと。
Sendai is the city. ＋ She visited it two years ago.
it は代名詞なので関係代名詞に変えます。

A. 【正解】where

ポイント!

This is the house. ＋ We live there now.
there は副詞なので，関係副詞に変えます。

A. 【正解】where

ポイント!

This is the place. ＋ I've long wanted to go there.

◆関係副詞 - ②

421 **Q.** 次の文の（　）に適する語を書きましょう。

This is the city (　　　) the next Olympic Games will be held.
ここが次のオリンピックが開催される都市です。

422 **Q.** 次の文の（　）に適する語を書きましょう。

Do you remember the day (　　　) she was born?
彼女が生まれた日を覚えていますか。

423 **Q.** 次の文の（　）に適する語を書きましょう。

Tuesday is the day (　　　) I go to the hospital.
火曜日は私が病院に行く日です。

424 **Q.** 次の文の（　）に適する語を書きましょう。

(1) This is the reason (　　　) I can't agree with you.
これがあなたに賛成できない理由です。

(2) This is the reason (　　　) he came so early.
これが彼がそんなに早く来た理由です。

425 **Q.** 次の文の（　）に適する語を書きましょう。

This is the (　　　) I solved the problem.
こういう方法で私は問題を解決しました。

426 **Q.** 次の文の（　）に適する語を書きましょう。

This is (　　　) I solved the math problem.
このようにして私はその数学の問題を解きました。

A. 【正解】where

ポイント！「先行詞が場所で完全な文」なので where を用います。関係副詞の後は，完全な（主語・目的語・所有格が抜けていない）文になっています。

A. 【正解】when

ポイント！ 先行詞が「時」の場合は when を用います。
day は日時を表すので，関係副詞は when です。
she was born. は完全な文ですね。

A. 【正解】when

ポイント！ 先行詞が「時」の場合，関係副詞は when になります。
day は日時を表すので，関係副詞は when です。
I go to the hospital. は完全な文です。

A. 【正解】(1) why　(2) why

ポイント！ 先行詞が「the reason」の場合⇒ why
why は reason「理由」を先行詞にします。
This is the reason ＋ He came so early for the reason.

A. 【正解】way

ポイント！ ＝ This is how I solved the problem.
how の暗黙の先行詞は way ですが，the way how のように両者を同時に書くことはできません。

A. 【正解】how

ポイント！ the way how のように両者を同時に書くことはなく，必ずどちらか一方だけを用います。

◆呼応

427 **Q.** 次の文の（　）内から正しいものを選びましょう。

Both he and his brother (belongs / belong) to the tennis club.
彼も彼の兄［弟］もテニス部に属しています。

428 **Q.** 次の文の（　）内から正しいものを選びましょう。

Not only I but also he (is / am) going to buy a computer.
私だけでなく彼もコンピュータを買うつもりでいます。

429 **Q.** 次の文の（　）内から正しいものを選びましょう。

Betty as well as you (needs / need) to go there.
あなただけでなくベティもそこに行く必要があります。

430 **Q.** 次の文の（　）内から正しいものを選びましょう。

Either he or I (is / am) going to attend the meeting.
彼か私がその会合に出席するつもりです。

431 **Q.** 次の文の（　）内から正しいものを選びましょう。

Neither Mary nor I (wants / want) to go there.
メアリーも私もそこには行きたくない。

432 **Q.** 次の文の（　）内から正しいものを選びましょう。

Both my brother and I (was / were) born in April.
兄［弟］も私も1月に生まれた。

A. 【正解】belong

　ポイント! both A and B は複数扱いですから，**belong** にします。
　◇ both A and B「AもBも」

A. 【正解】is

　ポイント! not only A but (also) B では，動詞の人称をBに合わせます。ですから **he is** となります。
　◇ not only A but (also) B「AだけでなくBも」

A. 【正解】needs

　ポイント! B as well as A では，Bに動詞を合わせます。
　動詞を Betty に合わせて，**needs** とします。
　◇ B as well as A「Aと同様にBも」

A. 【正解】am

　ポイント! either A or B（AかBかのどちらか）では，**A or B** の形が主語のときは，Bのほうの人称と数に動詞を合わせます。

A. 【正解】want

　ポイント! neither A nor B では，Bに動詞を合わせます。
　動詞を B に合わせて **I want** とします。
　◇ neither A nor B「AもBもどちらも…でない」

A. 【正解】were

　ポイント! both A and B は複数扱いですから，**were** にします。
　◇ both A and B「AもBも」

◆仮定法

433 **Q.** 次の文の（ ）に適する語を書きましょう。

(1) [仮定法] I ( ) my room ( ) bigger.
私の部屋がもっと広ければなあ。

(2) [事実は？] I ( ) ( ) that my room is ( ) big.
残念ながら私の部屋は広くない。

434 **Q.** 次の文の（ ）に適する語を書きましょう。

(1) I ( ) it ( ) Sunday today.
今日が日曜日だったらいいのになあ。

(2) I ( ) I ( ) ( ) like him.
私も彼みたいになれたらいいのになあ。

435 **Q.** 次の文の（ ）に適する語を書きましょう。

(1) If I ( ) a car, I ( ) drive you home.
車を持っていたら、君を車で送れるのになあ。

(2) If I ( ) the fact, I ( ) tell you.
もしその事実を知っていたら、あなたに話してあげるのに。

436 **Q.** 次の文の（ ）に適する語を書きましょう。

If I ( ) her phone number, I ( ) call her.
もし彼女の電話番号を知っていたら電話できるのに。

437 **Q.** 次の文の（ ）に適する語を書きましょう。

If you sleep well, you ( ) be healthy not only in body but also in mind.
よく睡眠をとれば体だけでなく、精神も健康になるだろう。

438 **Q.** 次の文の（ ）に適する語を書きましょう。

(1) I ( ) he ( ) alive.
彼が生きていればなあ。

(2) I ( ) I ( ) ( ) you the truth.
事実を話しておけばよかったなあ。

A. 【正解】(1) **wish, were**　(2) **am, sorry, not**

ポイント! 実際はそうでないけれど,「〜なら［だったら］いいのになあ」という願望や,「もし, …であれば〜するだろうに」という実際の現実とは反対のことを仮定するときの表現は,〈**I wish 〜.**〉や〈**If 〜.**〉のパターンを使います。

A. 【正解】(1) **wish, were**　(2) **wish, could, be**

ポイント! 現在の事実に反する願望
〈**I wish** ＋主語＋動詞の過去形 〜.〉で,現在の事実に反する願望(「〜であればいいのになあ」)を表すことができます。

A. 【正解】(1) **had, could**　(2) **knew, would**

ポイント! (仮定法) 動詞に過去形を用いることで,意味は現在の事実の反対を表すようにする仮定法過去。「もし, …ならば〜するのに」という実際の現実とは反対のことを仮定するときには〈**If** ＋主語＋過去形, 主語＋過去の助動詞＋動詞の原形〜〉の形にします。

A. 【正解】**knew, could**

ポイント! この文の「裏」の意味は「彼女の電話番号を知らないので電話することができない」です。

A. 【正解】**will**

ポイント! 「もし〜ならば」の意味で **if** を使った文がすべて仮定法ではありません。この文は,実現できる仮定ですから,仮定法では表現しません。仮定法は,「現在や過去の事実に反することが仮に起こるとすると〜」と仮定するときの表現方法です。

A. 【正解】(1) **wish, were**　(2) **wish, had, told**

ポイント! (1) **be** 動詞の場合は,主語に関係なくいつでも **were** を用います。

◆間接疑問文

439 Q. 次の日本文を間接疑問文を使った英文にしてみましょう。

I wonder (　　　) (　) (　　) (　　　) for Korea?
彼はいつ韓国に出発するのかしら。

440 Q. 日本文にあうように (　　) 内の語を正しく並べかえましょう。

I know (she / where / lives).
私は彼女がどこに住んでいるか知っています。

441 Q. 次の文の (　　) 内から正しいものを選びましょう。

I know when (Manabu came home / did Manabu come home) last night.
私はマナブが昨晩いつ家に帰って来たか知っている。

442 Q. 次の文の (　　) 内から正しいものを選びましょう。

Do you know (where she lives / where does she live)?
彼女がどこに住んでいるか知っていますか。

443 Q. 次の文の (　　) 内から正しいものを選びましょう。

Do you know what time (does the museum open / the museum opens)?
そのミュージアムが何時に開くか知っていますか。

444 Q. 日本文にあうように (　　) 内の語を正しく並べかえましょう。

Tell me (this book / wrote / who).
誰がこの本を書いたか私に教えてください。

A. 【正解】when, he, will, start

ポイント! 「～かしら」＋「いつ彼は出発するのだろう」
When will he start を〈主語＋動詞〉の語順 にして間接疑問文を作ります。疑問詞を使った疑問文が他の文の中にいっしょに組み込まれているものを間接疑問文と言います。

A. 【正解】where she lives

ポイント! 間接疑問文では，疑問詞に続く文が，〈主語＋動詞〉となり，肯定文と同じ語順になることがポイント。疑問詞が主語の疑問文は間接疑問文になっても語順は変わりません。

A. 【正解】Manabu came home

ポイント! 肯定文の語順にするのがポイントです。

A. 【正解】where she lives

ポイント! 「(あなたは)～を知っていますか」は **Do you know ~?** ですね。次に，「彼女はどこに住んでいますか」は **Where does she live?** となります。**Where does she live?** を疑問文ではなくするために **where she lives.** と〈疑問詞＋主語＋動詞〉の語順にします。

A. 【正解】the museum opens

ポイント! 疑問文の場合は，文末の符号は "**?**" です。
Do you know ~?「～を知っていますか」と，**Yes, No** を求める表現です。「知っている」なら **Yes**，「知らない」なら **No** です。

A. 【正解】who wrote this book

ポイント! 疑問詞が主語の疑問文は，もともと〈主語＋動詞〉になっていますから，間接疑問文になってもそのままの語順にします。
「私に教えてください」＋「この本は誰が書いたか」と組み立てます。

◆話法

445 Q. (1), (2)の文がほぼ同じ内容を表すのに適する語を（　）に。

(1) **He said to me, "You are charming."**
(2) **He (　) me that (　) (　) charming.**

446 Q. 次の文の（　）に適する語を書きましょう。

He said to me, "(　) (　) (　)."
彼は私に「ぼくはきみを愛しているよ」と言った。

447 Q. 次の文の（　）に適する語を書きましょう。

He told me that (　) (　) (　).
彼は私にきみを愛しているよと言った。

448 Q. (1), (2)の文がほぼ同じ内容を表すのに適する語を（　）に。

(1) **She said to me, "Are you happy?"**
(2) **She asked me (　) (　) (　) happy.**

449 Q. (1), (2)の文がほぼ同じ内容を表すのに適する語を（　）に。

(1) **He said to me, "What is this?"**
(2) **He (　) me what (　) (　).**

450 Q. 次の英文を日本語にしましょう。

Mother said to me, "Wash the dishes in the sink."

A. 【正解】(2) **told, I, was**

> **ポイント！** 伝達動詞を変えることと，" " 内の人称を変えることを忘れずに。人の言ったことをその本人の言った言葉のまま伝える方法を直接話法，伝える人の言葉に直して伝える方法を間接話法と言います。

A. 【正解】**I, love, you**

> **ポイント！** ［直接話法］彼は私に言った，「ぼくは君を愛しているよ」と。直接話法は，日本語では「 」を用いて表し，英語では " " （引用符 = **quotation marks**）を用います。

A. 【正解】**he, loved, me**

> **ポイント！** ［間接話法］彼は私に言った＋彼は私を愛していると。伝える人の言葉に直して伝える方法を間接話法と言いますから，直接話法の **I** は **he** に，**you** は **me** に変えます。

A. 【正解】(2) **if, I, was**

> **ポイント！** 疑問文ですから **said to me** ではなく **asked me** とします。"**Are you happy?**" は「…かどうか」の意味の **if** を使い，さらに **I was happy.** とふつうの語順に戻します
> （訳）彼女は私に「あなたは幸せ？」と言った。

A. 【正解】(2) **asked, that, was**

> **ポイント！** " " の中が疑問詞で始まる疑問文は **if** を用いません。**What is this** を普通の語順に戻し，さらに **this** を **that** に直します。
> （訳）彼は私に「これは何ですか」と言った。

A. 【正解】母は私に「流しの皿を洗うように」と言った。

> **ポイント！** " " の中が命令文で始まっています。
> 間接話法なら **Mother told me to wash the dishes in the sink.** となります。

◆総合問題 - ①

451 **Q.** 日本文に合うように（　）に適する語を書きましょう。

Don't you like fish?　魚は好きじゃないの？
(　　), I do.　　　　いいえ，好きです。
(　　), I don't.　　　はい，好きではありません。

452 **Q.** 日本文に合うように（　）に適する語を書きましょう。

Don't you want to stay here?
ここにいたくないの？
(　　), I will go home.
ええ，家に帰るわ。

453 **Q.** 日本文に合うように（　）に適する語を書きましょう。

Do you mind if I open the window?
その窓を開けてもいいですか？
(　　), I do.　／（　　）, not at all.
いや，困ります。　／　ええ，かまいません。

454 **Q.** 次の文の（　）に適する語を書きましょう。

(　　　) made (　　) sad ?
何が彼女を悲しませたのか。

455 **Q.** 日本文にあうように（　）内の語を正しく並べかえましょう。

Computers (through / enabled / to / send / e-mails / the Internet / have / us) .
パソコンのおかげで，私たちは自宅からEメールを送ることができるようになった。

456 **Q.** 日本文にあうように（　）内の語を正しく並べかえましょう。

Our dreams for the future (us / have / much / enabled / overcome / to / difficulty).
私たちは将来への夢を持っていたおかげで，多くの障害を克服できた。

A. 【正解】**Yes, No**

　ポイント！　好きなら **Yes**，好きでなければ **No**。
否定の疑問文への答え方のポイントは，日本語にして考えないことです。

A. 【正解】**No**

　ポイント！　ここにいたくないなら **No**。**Don't you want ~?**（～したくないの？）への応答は，**want**（～したい）に対して肯定なら **Yes.** で，否定なら **No.** と自動的に答えます。

A. 【正解】**Yes, No**

　ポイント！　窓を開けられるのが気になるなら **Yes**，気にならないなら **No**。この文で使われている **mind** は「気にする」の意味ですから，「私が窓を開けたら気にしますか」となります。

A. 【正解】**What, her**

　ポイント！　このように人間やその他の生物以外の「意志を持っていないもの（無生物）」を主語にした文の場合，後に続く動詞が重要な役割を果たしています。

A. 【正解】**have enabled us to send e-mails through the Internet**

　ポイント！　「パソコン」は和製英語で，**personal computer(s)** またはその略で **PC(s)**。一般には **computer(s)** だけで通じます。E メールは「インターネット」を通じて送信するので，「E メールを送る」は **send e-mails through (the) Internet** とします。

A. 【正解】**have enabled us to overcome much difficulty**

　ポイント！　この文も「～が…するのを可能にする」という型になっています。これを〈**enable** ＋人＋ **to** ＋動詞の原形〉という英語で表すことができますね。

◆総合問題 - ②

457 Q. 次の文の（　）に適する語を書きましょう。

( )( )(　　　)(　　) from the station will (b- で始まる語) me to my office.
駅から 5 分間も歩けば，会社へ着く。

458 Q. 次の文の（　）に適する語を書きましょう。

This train ( ) ( ) ( ) ( ) Yokohama Station in twenty minutes.
この電車に乗れば，20 分で横浜に着きます。

459 Q. 日本文にあうように（　）内の語を正しく並べかえましょう。

The typhoon (all day / kept / in the hotel / us).
台風のため私たちは一日中ホテルにこもっていた。

460 Q. 次の文の（　）に適する語を書きましょう。

A news flash (r- で始まる語) an earthquake (s- で始まる語) the Kanto district.
ニュース速報によると，関東地域で地震があった。

461 Q. 日本文にあうように（　）内の語を正しく並べかえましょう。

The book (is / a lot / teaches / us / about / space / very / interesting / which).
私たちに宇宙のことをたくさん教えてくれるその本は，とてもおもしろい。

462 Q. 日本文にあうように（　）内の語を正しく並べかえましょう。

The ring (showed / very / which / my aunt / expensive / me / looked).
おばが私に見せた指輪はとても高そうに見えた。

A. 【正解】A, five, minutes', walk, bring

ポイント!「駅から5分間も歩けば」を「駅から5分間の歩き」と考え，
→ **a five-minute walk / a five minutes' walk** とします。
「5分間の歩きが私を連れて来る」と発想して動詞には **bring** を用います。

A. 【正解】will, take, you, to

ポイント!「この電車に乗れば」を「この電車が」と考えます。「この電車があなたを横浜に連れて行く」と発想して，〈**take** ＋人＋ **to** 場所〉の型を利用します。時間を示すときにつける **in** は時間の経過を表し「…分したら」の意味になります。

A. 【正解】kept us in the hotel all day

ポイント!「台風のため」を「台風が」と考えます。「台風が私たちをホテルにこもらせた」と発想して，**kept us in the hotel** と表します。「一日中」は **all day**。

A. 【正解】reported, shook

ポイント!「ニュース速報によると」を「ニュース速報が伝える」と考えます。「ニュース速報で地震があったことを伝えた」と発想し，**A news flash reported …** で表します。「関東地域で地震があった」は **an earthquake shook the Kanto district** と表します。

A. 【正解】which teaches us a lot about space is very interesting

ポイント!「私たちに教えてくれる＋その本」ですから，**the book** を先行詞にして，主格の関係代名詞 **which** と動詞以下を結びます。

A. 【正解】which my aunt showed me looked very expensive

ポイント!「おばが私に見せた指輪」は **the ring** を先行詞にします。この関係代名詞は目的格なので省略可能です。

◆総合問題 - ③

463 Q. 次の文の（ ）に適する語を書きましょう。

（　　　　）his stay in Japan, he visited Kyoto.
=（　　　　）he was staying in Japan, he visited Kyoto.

464 Q. (1), (2)の文がほぼ同じ内容を表すように（ ）入れましょう。

(1) He was very tired, (　　　) he went to work.
(2) (　　　　) he was very tired, he went to work.

465 Q. 次の文の（ ）に適する語を書きましょう。

This house is (　　) large (　　　　) for my family.
この家は狭すぎて私の家族には向いていない。

466 Q. 次の文の（ ）に適する語を書きましょう。

(1) Takashi is a friend of (　　　　).
タカシは彼女の友人の１人です。

(2) There (　　) more than ten parks in this city.
この市には10以上も公園があります。

467 Q. 次の文の（ ）に適する語を書きましょう。

I think that breakfast is the (　　　　) important (　　) the three meals.
私は３食の中で朝食が最も大切だと思う。

468 Q. 次の文の（ ）に適する語を書きましょう。

Will you please (　　　　)(　　　)(　　　　)(　　) use a computer?
私にコンピュータの使い方を教えてくれませんか。

A. 【正解】**During, While**

ポイント！ **while**（～する間に）は接続詞ですから文が続きますが，**during** は前置詞なので名詞や代名詞が続きます。

A. 【正解】(1) **but**　(2) **Though**

ポイント！ 次のように考えるとわかりますね。
「彼はとても疲れていた」＋（しかし）＋「仕事へ行った」
＝（～だけれども）＋「彼はとても疲れていた」＋「仕事へ行った」

A. 【正解】**not, enough**

ポイント！「私の家族のためには＋分広くない」と考えます。
〈形容詞＋ **enough**〉のパターンを使います。家や部屋の「広い」「狭い」は，**large / small** を使います。

A. 【正解】(1) **hers**　(2) **are**

ポイント！ 前置詞 **of** の次だから目的格。
a friend of hers = **her friend** となるので所有代名詞が入ります。
「～以上の」は **more than** ＋数の語のパターンです。

A. 【正解】**most, of**

ポイント！ **the most important** は「最も大切だ」の意味です。
「～のうちで」は複数形 **meals** の前だから **of** を用います。

A. 【正解】**teach, me, how, to**

ポイント！ 第4文型（**SVOO**）です。
teach A B「AにBを教える」です。Bは「コンピュータの使い方のしかた」は **how to use a computer**。**Will you ~?**「～してくれませんか」

◆総合問題 - ④

469 Q. 日本文にあうように（　）内の語を正しく並べかえましょう。

They (much / our work / easier / make).
それらが私たちの仕事をずっと楽にしてくれます。

470 Q. 日本文にあうように（　）内の語を正しく並べかえましょう。

(1) A : Can you use a computer?
あなたはコンピュータを使うことができますか。

(2) B : Yes, my father (use / taught / how / to / me) it.
はい，父が使い方を教えてくれました。

471 Q. 次の英文を日本語にしましょう。

Today the technology which we use makes our lives better.

472 Q. 日本文にあうように（　）内の語を正しく並べかえましょう。

Some people say (live / it / is / without / impossible / computers / to).
コンピュータなしで生活することは不可能だと言う人もいます。

473 Q. 日本文にあうように（　）内の語を正しく並べかえましょう。

This book (of / give / will / you / a / good / idea / Japanese / culture).
この本を読めば日本の文化についてよくわかります。

474 Q. 次の文の（　）内から正しいものを選びましょう。

(Through / from / in / between) the window, I can see beautiful garden.

A. 【正解】make our work much easier

ポイント! make は「〜にする」という意味の使役動詞ですね。
「ずっと楽に」は much easier。
much は形容詞の比較級を強める役割をします。

A. 【正解】(2) taught me how to use

ポイント! (2)は第4文型です。「父は＋教えてくれた＋私に＋その使い方を」の語順で次のように組み立てます。
My father ＋ taught ＋ me ＋ how to use it.

A. 【正解】こんにち，私たちが使っている科学技術は，私たちの生活をよりよくします。

ポイント! 関係代名詞の which 。
the technology which we use は「私たちが使っている科学技術」
makes our lives better 「私たちの生活をよりよくします」

A. 【正解】it is impossible to live without computers

ポイント! 形式主語の it です。
It is impossible to 〜「〜するのは不可能です」のパターンを使って組み立てます。
〈it ＝ to live without computers〉

A. 【正解】will give you a good idea of Japanese culture

ポイント! 次のように考えて組み立てましょう
「この本は」＋「与えるでしょう」＋「あなたに」＋「日本文化の的確な知識を」＝ This book ＋ will give ＋ you ＋ a good idea of Japanese culture

A. 【正解】Through

ポイント! Through「〜を通して」が正解です。
(訳) その窓を通して美しい庭が見られます。

◆総合問題 - ⑤

475 **Q.** 次の英文を日本語にしましょう。

There are a lot of children injured by landmines in the world.

※ landmine「地雷」

476 **Q.** 次の文の（ ）に適する語を書きましょう。

You will (　　) (　　) (　　) (　　) a lot of time by the machine.
その機械を使えばかなり時間を節約できるでしょう。

477 **Q.** 次の文の（ ）に適する語を書きましょう。

(　　) say that she (　　) (　　) (　　) her promise.
彼女は今までに一度も約束を破ったことがないそうだ。

478 **Q.** 日本文にあうように（ ）内の語を正しく並べかえましょう。

I don't know (wrote / who / this book).
だれがこの本を書いたのか知らない。

479 **Q.** 次の文の（ ）に適する語を書きましょう。

He is the last man (　　) I want to see.
彼は私がいちばん会いたくない人だ。

480 **Q.** 次の文の（ ）内から正しいものを選びましょう。

She knew that the earth (is / had been) round.
彼女は地球が丸いと知っていた。

A. 【正解】世界には地雷で傷ついた多くの子どもがいます。

ポイント! 次のように考えましょう。
There are a lot of children「多くの子どもたちがいます」
injured by landmines「地雷で傷つけられた」
in the world「世界には」

A. 【正解】be, able, to, save

ポイント!「〜できるでしょう」という未来の可能な意味は **wil be able to ~** で表します。

A. 【正解】They, has, never, broken

ポイント! 伝聞の文。〈They say that + S V〉の形です。この文は現在完了形です。**She has never broken her promise.** 彼女は今までに一度も約束を破ったことがない。「約束を破る」は〈**break one's promise**〉です。

A. 【正解】who wrote this book

ポイント! 疑問詞が主語の疑問文は間接疑問文になっても語順は変わりません。

A. 【正解】that

ポイント! that の特別用法です。
先行詞に **the last** がついていて，〈主語＋動詞＋目的語ナシ〉なので **that**（目的格）です。

A. 【正解】is

ポイント! 現実に「地球は丸い」ですね。「不変の真理」は常に現在形で表します。

◆総合問題 - ⑥

481 **Q.** 次の文の（　）内から正しいものを選びましょう。

We learned that World War II (ended / had ended) in 1945.
第2次世界大戦が1945年に終ったことを我々は学んだ。

482 **Q.** 次の文の（　）内から正しいものを選びましょう。

It seemed that he (was / had been) rich.
彼は金持ちであったように思えた。

483 **Q.** 次の文の（　）内から正しいものを選びましょう。

I knew that Tom (was / is) drunk at that time.
トムがその時酔っぱらっているのを私は知っていた。

484 **Q.** 次の文の（　）に適する語を書きましょう。

(1) (　) will be cloudy tomorrow. 明日は曇りでしょう。
(2) (　) have little snow here. 当地では雪はほとんど降りません。
(3) (　) was warm and sunny yesterday.
　　きのうは暖かくて晴れていた。

485 **Q.** 日本文にあうように（　）内の語を正しく並べかえましょう。

He worked (in / year / hard / Nagoya / last).
彼は去年，名古屋で一生懸命に働いた。

486 **Q.** 次の文の（　）に適する語を書きましょう。

Picasso is a famous artist (　　　　) everyone knows.
ピカソは誰もが知っている有名な画家です。

A. 【正解】ended

ポイント！ 歴史上の事実は常に過去形で表します。従属節が歴史的事実を表しているときは「時制の一致」は受けません。

A. 【正解】had been

ポイント！ 「思えた」のより「金持ちだった」時のほうが前なので過去完了形になります。

A. 【正解】was

ポイント！ 日本語から考えて「酔っぱらっている」のは "knew" と同じ過去のことですね。

A. 【正解】(1) It　(2) We　(3) It

ポイント！ 天候・気候の表現では，〈It is [was] …〉や〈We have [had] …〉の型が最も一般的です。

A. 【正解】hard in Nagoya last year

ポイント！ 副詞的な語（句）の順序は，hard（様態），in Nagoya（場所），last year（時）です。
副詞の語順を再チェックしておきましょう。

A. 【正解】whom [that]

ポイント！ 先行詞が人で，〈主語＋動詞＋目的語ナシ〉なので，whom です。
Picasso is a famous artist (whom) everyone knows ＋□．
□の部分の目的語が抜けていますね。

◆総合問題 - ⑦

487 **Q.** 次の文の（　）に適する語を書きましょう。

She has a daughter (　　　　) name is Aiko.
彼女にはアイコという名の娘がいます。

488 **Q.** 日本文にあうように（　）内の語を正しく並べかえましょう。

This instruction manual (you / will / show / how / to / operate / the computer).
この取扱説明書を読めばパソコンの使い方がわかります。

489 **Q.** 次の文の（　）に適する語を書きましょう。

(1) I am good at (　　　　).
私は料理をすることが得意です。

(2) I am fond of (　　　　) golf.
私はゴルフをするのが好きです。

490 **Q.** 次の文の（　）に適する語を書きましょう。

Writing e-mails in English (　　　　) my English better and better.
英語でEメールを書くことで，わたしの英語はどんどん上達している。

491 **Q.** ほぼ同じ内容を表すように，（　）に適する語を書きえましょう。

(1) The goods are (　　) heavy (　　) he (　　　　) carry them by himself.

(2) The goods were (　　) heavy for him (　　) carry by himself.

492 **Q.** 次の英文を日本語にしましょう。

He is so old that he cannot read without glasses.

A. 【正解】 whose

ポイント 所有格は所有代名詞の役割ですから，無冠詞の名詞がきます。「無冠詞の名詞」なので whose（所有格）が入ります。

A. 【正解】 will show you how to operate the computer

ポイント この文は第4文型（**SVOO**）だということがわかれば，組み立ては難しくありません。**This instruction manual ＋ will show ＋ you ＋ how to operate the computer.**

A. 【正解】 (1) cooking (2) playing

ポイント 文は動名詞が前置詞 **at** の目的語になっています。次のような語句の後に動作がくるときは動名詞となります。**be fond of ~**「～することが好きである」/ **be afraid of ~**「～することを恐れる」/ **be interested in~**「～することに興味がある」など。

A. 【正解】 makes

ポイント「～させる」の使役動詞 **make** を使って表します。
「英語でEメールを書くこと」＋「させる」＋「私の英語」＋「どんどんよく」の語順です。

A. 【正解】 (1) so, that, cannot (2) too, to

ポイント goods は「商品」ですね。
(訳)「その商品はとても重いので，彼は自分だけで運ぶことができない」
◇ **so ~ that A cannot ...** ＝ **too ~ to ...**（とても ～なので…できない）

A. 【正解】 彼はとても年をとっているので，眼鏡がないと読めない。

ポイント **so ~ that A cannot ...**（とても ～なので…できない）のパターンですから，〈～〉に「年をとっている」，〈…〉に「眼鏡なしで読む」を当てはめればいいですね。

◆総合問題 - ⑧

493 **Q.** 次の英文を日本語にしましょう。

(1) **Typhoon No. 7 is approaching Japan.**
(2) **There is a 20 percent chance of rain.**

494 **Q.** 次の文の（　）に適する語を書きましょう。

(　　　) too much (　) (　　) good (　　) the health.
食べ過ぎは健康によくない。

495 **Q.** 次の文の（　）に適する語を書きましょう。

(　　　　) are common in Japan, (　　　) they?
日本では地震がよくあるのですね。

496 **Q.** 次の文の（　）に適する語を書きましょう。

Bread and jam (　) served at this coffee shop.
このコーヒー店ではジャム付きパンが出ます。

497 **Q.** 次の文の（　）に適する語を書きましょう。

The fish was four (　　　) (　　) large (　　) his hand.
その魚は彼の手の4倍の大きさでした。

498 **Q.** 次の日本文を英語にしましょう。

ここに来てから10か月ほどが過ぎました。

A. 【正解】(1) 台風7号が日本に接近しています。
(2) 降水確率は20パーセントです。

ポイント! (1) **is approaching**「接近しつつある」（進行形ですね）
(2) **chance of rain**「降水確率」

A. 【正解】Eating, is, not, for

ポイント! 主語としての動名詞（**Eating**）は3人称単数扱いですから，**is** が入ります。

A. 【正解】Earthquakes, aren't

ポイント! **common** は「普通の，よくある」という意味。**( ) are** と複数になっていますから，**Earthquakes** とします。
前の文が肯定文ですから，付加疑問は **are** → **aren't** とします。

A. 【正解】is

ポイント! **Bread and jam**「ジャム付きパン」は単数扱いです。
serve は「〈人に〉仕える，奉任する」という意味ですが，ここでは「〈飲食物を〉（食卓に）出す」という意味で使われています。
「出ます」は「出される」という意味ですから **is served** とします。

A. 【正解】times, as, as

ポイント! 倍数表現。
〈**A is X times as ~ as B**〉のパターンですから，それを当てはめればいいですね。**four times** の **time** の **s** を落とさないようにしましょう。

A. 【正解】It has passed about ten months since I came here.

ポイント! 「～が過ぎました」は **It has passed ~**。
「ここに来てから」は **since I came here**。**since** の後には「～から」という起点がきますね。

◆総合問題 - ⑨

499 Q. 次の文の（　）に適する語を書きましょう。

(　　　) I was young, whale meat (　　) (　　　) (　) many people.

私が若かったとき，クジラの肉は多くの人に食べられていました。

500 Q. 次の文の（　）に適する語を書きましょう。

In Europe, many trees (　　) dying (　　　) (　) acid rain.

ヨーロッパでは酸性雨のために多くの木が枯れかかっている。

A. 【正解】When, was, eaten, by

> **ポイント!** When は接続詞で,「〜のとき」という意味。
> 「〜に食べられていました」は受け身ですから, **was eaten by ~** です。

A. 【正解】are, because, of

> **ポイント!** **many trees** と複数ですから, **are**。「〜のために」は **because of** が入ります。
> ◇ **acid rain**「酸性雨」

語い力をさらに!! やさしい単語の意外な意味〈2〉

	意外な意味	基本の意味
ground	名理由，根拠	名地面，運動場
hand	名筆跡，人手，（時計などの）針	名手
help	他助ける，手伝う，避ける	名援助
interest	名利息，【複】利益	名興味，関心
land	自他 上陸する（させる）	名陸，着陸する（させる）
last	自続く，長持ちする	形最後の
leave	他任せる　名 休暇	自他 去る，残す
lesson	名教訓	名授業
lettter	名文字，【複】文学	名手紙
life	名生物，活気	名生命，生活
light	名権威のある人	名明かり，光
line	名［しばしば複数で］方針，職業，短い手紙	名線，列
long	自切望する	形長い
lot	名くじ，運，一区画の土地	名たくさん
match	名好敵手　自他（～に）匹敵する，つり合う	名マッチ，試合
minute	形極めて小さい，些細な	名分，瞬間
nature	名天性，性質	名自然
note	名短い手紙，注目，紙幣，音符	名覚え書き，メモ，注
novel	形目新しい，新奇な	名小説
paper	名論文，答案，新聞紙	名【複】書類
part	名役，本分，味方	名部分
party	名政党，一行	名集まり，パーティ

英語		
pay	自 引き合う，割に合う	他 支払う 名 給料
picture	他 心に描く 名 生き生きとした描写，生き写し	名 絵，写真
plant	名 工場	名 植物 他 植える
race	名 人類，民族，種族	名 自 他 競争（する）
reason	名 理性，分別	名 理由
room	名 空間，余地	名 部屋
run	他 経営する 自 走る	名 競争，傾向
safe	名 金庫 形 安全な	
school	名 群れ，流派	名 学校
season	他 ～に味付けする，慣らす	名 季節
sense	名 思慮，意味，正気	名 感覚
sport	名 娯楽，楽しみ	名 スポーツ
spring	名 泉 自 生ずる，わき出る 自 跳ねる	名 春，ばね
station	名 身分，地位 他 配置する	名 駅
touch	名 〔a ～ で〕 ～気味，ごく少量 他 感動させる	他 触れる 名 手触り，触れること
train	名 つながり，連続，列 他 自 訓練する	名 列車
view	名 意見，目的	名 視界
want	名 欠乏，不足	他 ～が欲しい，したい
way	名 方法，（人の）習慣，点，方面	名 道，方向
well	名 井戸，源泉	副 上手に，十分に 形 健康で
word	名 約束	名 単語

編集協力	中田佳代
ブックデザイン	大郷有紀（ブレイン）
編集担当	斎藤俊樹（三修社）
営業担当	黒田健一（三修社）

ゼロから始める英文法ドリル500

2008年10月10日　第1刷発行
2010年3月10日　第2刷発行

編　者　———— MEMOランダム

発行者　———— 前田俊秀
発行所　———— 株式会社三修社
　　　　　　　〒150-0001　東京都渋谷区神宮前2-2-22
　　　　　　　TEL 03-3405-4511　FAX 03-3405-4522
　　　　　　　振替 00190-9-72758
　　　　　　　http://www.sanshusha.co.jp/

印刷製本　———— 株式会社リーブルテック

©2008 Printed in Japan
ISBN978-4-384-03952-8 C2082

〈日本複写権センター委託出版物〉
本書を無断で複写複製（コピー）することは，著作権法上の例外を除き，禁じられています。本書をコピーされる場合は，事前に日本複写権センター（JRRC）の許諾を受けてください。
JRRC〈http://www.jrrc.or.jp　email:info@jrrc.or.jp　Tel:03-3401-2382〉